教育部人文社会科学重点研究基地重大项目成果

# 葡萄牙新闻传播史

李 菁 著

人民日报出版社

图书在版编目（CIP）数据

葡萄牙新闻传播史 / 李菁著. -- 北京：人民日报出版社, 2018.5
ISBN 978-7-5115-5394-2

Ⅰ.①葡⋯  Ⅱ.①李⋯  Ⅲ.①新闻事业史－葡萄牙－17世纪－21世纪  Ⅳ.① G219.552.9

中国版本图书馆 CIP 数据核字（2018）第 070241 号

书　　名：葡萄牙新闻传播史
著　　者：李　菁

出 版 人：董　伟
责任编辑：梁雪云
封面设计：主语设计

出版发行：人民日报出版社
社　　址：北京金台西路 2 号
邮政编码：100733
发行热线：(010) 65369509　65369527　65369846　65363528
邮购热线：(010) 65369530　65363527
编辑热线：(010) 65369526
网　　址：www.peopledailypress.com
经　　销：新华书店
印　　刷：北京鑫瑞兴印刷有限公司

开　　本：710mm×1000mm　1/16
字　　数：180 千字
印　　张：13
版　　次：2018 年 6 月第 1 版　2018 年 6 月第 1 次印刷

书　　号：ISBN 978-7-5115-5394-2
定　　价：40.00 元

# 代序

## "一带"中的葡语世界,"一路"上的全球共享

能够在中国出版一部关于葡萄牙新闻传播的著作,可以说是一件可喜可贺的事情,在此,我要感谢本书的作者和出版方。

我所作的序首先要献给本书的作者李菁先生和本书的编辑,他们向中国人民传递了葡萄牙新闻传播的重要信息,这对于拉近两国人民之间的距离具有重要意义,同时也是对"一带一路"倡议的一种响应。

2018年恰逢"欧洲文化遗产年","葡萄牙百年报刊"正努力尝试申请被收入"人类非物质文化遗产"名录中,而本书的出版也将对此做出不可估量的贡献。

目前,葡萄牙一共拥有1500多种报刊,它们对于21世纪的葡萄牙来说,是一笔宝贵的文化财富。在它们当中,33种报刊的发行从未间断,至今已经走过了一个多世纪。这一事实很好地证明,葡萄牙的人民、社区、城市、村庄、专业机构、文化机构等都将报刊作为发表观点、实现价值和梦想的载体。在媒体电子化的大趋势下,这33份报刊,形式各异,或彩色,或黑白,将葡萄牙和葡萄牙人的故事带到世界各地。因为这些报刊的存在,一些定居或旅居海外的葡萄牙人,包括在北京学习的葡萄牙学生和数代定居中国澳门的葡萄牙人,都不会忘记自己的祖国。

葡萄牙很多著名人物曾旅居中国澳门，而居住于此的葡萄牙记者让世界记住路易·德·贾梅士（Luís de Camões）[①]和圣方济各·沙勿略（São Francisco Xavier）[②]的同时，也和世界分享了葡萄牙的语言和文化。这里也诞生了多份葡萄牙语报纸，例如1822年创刊的《蜜蜂华报》（*Abelha de Macau*）、1890年创刊的《澳门邮报》（*o Correio*）、1913年创刊的《葡萄牙人报》（*Português*）等。在大西洋另一边的累西腓（Recife）[③]，《叶报》（*Folha*）和《商业报》（*Commercio*）同样度过了百年的历史。

我代表葡萄牙媒体协会，对李菁先生表示感谢。本书让读者能够全面了解葡萄牙媒体和葡萄牙语媒体，特别是报刊的历史，了解它们的过去，未来将会遇到的挑战，包括如何适应电子媒体时代，如何提高内容可读性，如何尊重作者版权，以及将来遇到的发展机遇。无论是刚刚度过45岁生日的里斯本的《快报》（*Expresso*），还是马普托（Maputo）的《新闻报》（*Jornal de Notícias*）[④]，抑或是罗安达（Luanda）的《安哥拉报》（*Jornal de Angola*）[⑤]，葡萄牙和葡萄牙语的百年报刊让我们更好地了解我们所生活的世界，就像李菁先生把葡萄牙新闻传播的信息传递到中国所做的一样。

若昂·帕梅洛
2018年1月于里斯本
葡萄牙新闻协会主席
新里斯本大学、科因布拉大学法律系、
科因布拉商业学校、科因布拉理工学院客座教授

葡萄牙新闻协会主席——
若昂·帕梅洛

---

① 又译路易·德·卡蒙斯，著名诗人，被公认为是葡萄牙的国父
② 葡萄牙派至亚洲的天主教传教士，出生于西班牙
③ 巴西东北部城市
④ 莫桑比克主要报纸之一，1926年4月15日创刊
⑤ 1975年创刊，在2008年之前是安哥拉唯一一份日报

# 前言

由于地理的原因，位于欧洲最西端的葡萄牙对于中国来说是遥远的；由于澳门的原因，葡萄牙对于中国来说又是邻近的。其实在历史上，葡萄牙与中国一直有着千丝万缕的联系。1999年12月20日以前，澳门一定程度上起到了中葡两国之间的联通作用。回归后的澳门又成了中国与葡语国家之间的桥梁。

"一带一路"倡议提出之后，中国和葡萄牙之间的联系越来越密切。2017年11月，在葡萄牙新闻协会的倡议和葡萄牙环球伊比利亚公司的组织下，"一带一路"葡语媒体联盟在葡萄牙成立，这是葡语国家媒体机构间的第一个全球性组织。该联盟的名称充分体现出"一带一路"倡议"既是中国的又是世界的"这一属性，也体现出葡语国家，尤其是葡萄牙对于"一带一路"倡议的认可。

随着两国往来加强，中国对于葡萄牙的认知需求越来越多，《葡萄牙新闻传播史》就是在这样的一种背景下应运而生。它是国内第一部系统介绍葡萄牙新闻传播的著作。在中国现有的书籍中，葡萄牙的新闻传播常常被一带而过，或者夹在欧洲新闻史中简单介绍，因此系统性的分析几乎没有先例。而葡萄牙本国也没有一本能够全面介绍各种媒体形式发展的书，因此作者在撰写的过程中遇到了很多困难，特别是资料的收集。为了能够尽可能真实全面地介绍葡萄牙新闻传播的历史，作者特地前往葡萄牙购买和查阅了许多葡萄牙语的原文材料，拜访相关媒体机构和人士。

作为从事葡萄牙语国际传播14年的新闻从业者,作者对于跨文化传播有着深刻的体会:想让传播对象接受自己的思想,首先要了解传播的对象。因此,对于葡萄牙新闻传播的研究十分必要。作者在撰写本书的过程中得到了多方的帮助,包括作者的"东家"——中国国际广播电台[①]、葡萄牙新闻协会以及部分葡语界的同人,同时还要特别感谢陈力丹教授的不吝指教。希望本书能够为有志于中葡交流的人士提供参考。也希望本书可以起到抛砖引玉的作用,让更多的人投入到葡萄牙的研究中来,且不仅限于新闻传播领域。

李　菁

于里斯本

---

[①] 2018年3月21日与中央电视台、中央人民广播电台合并为中央广播电视总台

# 目录

## CONTENTS

**第一章 绪论** ............................................................. 001
    一、葡萄牙的历史、地理与国际地位 ........................ 002
    二、本书的特点与创新 ............................................ 005

**第二章 葡萄牙报刊的形成与早期发展** ................. 007
    一、报刊的早期形态 ................................................ 008
    二、早期的报纸 ........................................................ 014
    三、18世纪的葡萄牙报纸 ........................................ 018
    四、法国入侵时期葡萄牙的报业发展 .................... 020
    五、葡萄牙移民办报 ................................................ 029
    六、巴西报纸诞生前夕 ............................................ 031

**第三章 葡萄牙"观点纸"的出现** ........................... 035
    一、第一段自由主义时期 ........................................ 036

二、君主专制复辟时期的新闻状况 ........................ 042

三、第二段自由主义时期 ........................ 045

四、米格尔政权和葡萄牙内战时期 ........................ 049

## 第四章　时代更迭对葡萄牙报刊发展的影响 ........................ 055

一、第一个现代化阶段 ........................ 056

二、"九月革命"后的媒体 ........................ 061

三、卡布拉尔时期到"复兴时代" ........................ 065

## 第五章　"和平复兴时代"到君主制末期葡萄牙报刊的发展 ... 073

一、"和平复兴时代" ........................ 074

二、君主制末期的新闻传播 ........................ 081

## 第六章　葡萄牙独裁时期报刊的发展 ........................ 083

一、1910年到1926年期间的报刊 ........................ 084

二、"新国家"时期的报刊 ........................ 089

三、萨拉查与卡埃塔诺权力交接之后的报刊 ........................ 099

## 第七章　"石竹花革命"结束初期葡萄牙报刊的发展 ...... 103

一、"石竹花革命"结束初期报刊的发展 ........................ 104

二、20世纪八九十年代报刊的发展 ........................ 108

三、进入21世纪后报刊的发展 ........................ 112

四、百年报刊 ........................ 114

五、通讯社的发展 ........................ 117

## 第八章 葡萄牙广播初期发展 ... 119

一、广播诞生初期的发展（1878—1934）... 120

二、官方电台走上历史舞台（1934—1949）... 129

三、快速发展时代（1949—1973）... 134

四、受众调研 ... 138

五、区域性电台 ... 140

## 第九章 "石竹花革命"后葡萄牙广播的发展 ... 141

一、广播在"石竹花革命"中的作用 ... 142

二、独裁政权倒台后葡萄牙广播的发展 ... 143

三、数字信号广播（DAB）... 146

四、媒体融合时代的广播 ... 147

## 第十章 葡萄牙电视的发展 ... 151

一、电视诞生初期的发展 ... 152

二、独裁政府与电视 ... 155

三、独裁政府倒台后电视的发展 ... 157

四、私营电视台的出现 ... 160

## 第十一章 葡萄牙电视技术的发展 ... 163

一、有线电视和卫星电视 ... 164

二、21世纪竞争激烈的电视市场与电视现状 ... 165

## 第十二章 葡萄牙新媒体的发展 ... 169

一、构建阶段（1995—1998）... 170

二、井喷阶段（1999—2000） ……………………………… 172
　　三、停滞阶段（2000—2007） ……………………………… 174
　　四、新媒体现状 ………………………………………………… 176

**第十三章　结论** …………………………………………………… 177
　　一、葡萄牙新闻传播业发展总结 ……………………………… 178
　　二、葡萄牙新闻传播业目前的格局 …………………………… 178

**参考文献** …………………………………………………………… 181
**附录一　媒体监管部门和部分媒体协会** ………………………… 185
**附录二　媒体与传媒机构索引** …………………………………… 189
**附录三　人名索引** ………………………………………………… 195

# 第一章 绪论

CHAPTER 1

葡萄牙的媒体从诞生开始,就跟各种历史事件密不可分。在1974年独裁政府倒台之前,历届政府大多对媒体采取了不同程度的管制。一些政府把媒体当作控制舆论的工具,一些政府惧怕媒体,极力打压。可以说,葡萄牙的媒体发展是在压抑中前行的。不过,葡萄牙的媒体传播随着葡萄牙历史的发展而发展,同时也对历史产生了一定的影响。

## 一、葡萄牙的历史、地理与国际地位

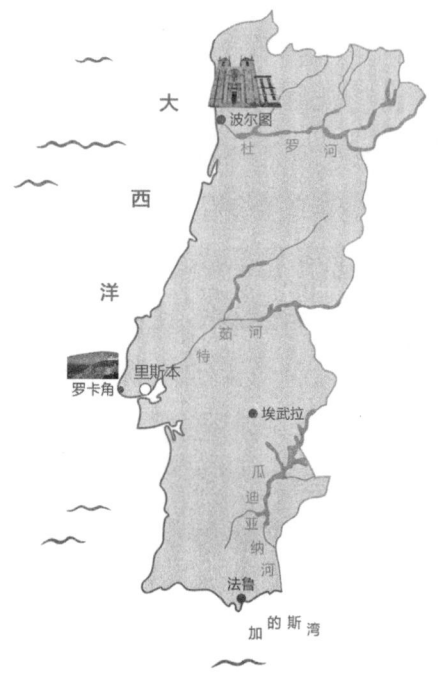

葡萄牙手绘地图（李歌吟绘制）

葡萄牙位于伊比利亚半岛，亚欧大陆的最西端，领土连接大西洋。虽然国土面积只有9万多平方公里①，但是它在世界历史上曾经是一个举足轻重的国家，尤其是在殖民时代。根据葡萄牙政府官方网站的统计，截至2011年，葡萄牙的人口大约1055万，同时葡萄牙也是一个移民大国，据统计②，葡萄牙在海外的移民数量大约有230万，约为国内人口的22%。葡萄牙大陆领土分为18个区，大陆之外还有两个自治区——亚速尔自治区和马德拉自治区。

葡萄牙1143年建国，1910年实行共和制。在旧石器时代，伊比利亚半岛的西部就有了人类活动的踪迹。由于毗邻西班牙，葡萄牙的历史与西班牙的历史有着紧密的联系。从公元前11世纪到公元5世纪之间，伊贝洛人、塔尔提西奥人、腓尼基人、希腊人、凯尔特人、迦太基人、罗马人先后进入伊

---

① 92152平方公里——葡萄牙政府官网
② 葡萄牙移民研究协会（Observatório de Emigração）2015年发布的最新一期《葡萄牙移民报告》（Relatório da Emigração Portuguesa）

比利亚半岛。公元711年,阿拉伯帝国入侵伊比利亚半岛,一直统治到葡萄牙人建国。而阿拉伯帝国在葡萄牙留下了很深的印记。如今葡萄牙很多地名中都带有"Al"的字样,例如里斯本的Alfama①,名称就是来自阿拉伯语。

葡萄牙原属西班牙的一部分,当时属于卡斯蒂利亚王国。但是葡萄牙人一直希望从西班牙独立出来。1143年,葡萄牙国王阿方索与卡斯蒂利亚王国签订《萨莫

亚欧大陆最西端——罗卡角

里斯本贝伦塔

---

① 里斯本市的一个区

现任联合国秘书长古铁雷斯　　　　　　　　欧盟委员会前主席巴罗佐

拉条约》，宣布独立。15、16世纪时，葡萄牙处于鼎盛时期，这得益于它强大的海上实力。在这一时期，葡萄牙经历了一系列的大发现，确立了在美洲、非洲和亚洲的殖民地。此后，葡萄牙国力衰减。1822年，其在美洲的殖民地巴西宣布独立。进入共和制的葡萄牙经历了两次世界大战、欧洲最长年限的独裁统治、印度攻打葡萄牙殖民地果阿、非洲数个殖民地独立、1975—1999年东帝汶独立事件、1999年澳门回归中国、2002年加入欧盟等历史性事件。目前联合国秘书长是葡萄牙人安东尼奥·古铁雷斯（António Guterres），杜朗·巴罗佐（Durão Barroso）曾经担任过欧盟委员会主席。

在中东欧国家加入欧盟之前，葡萄牙的经济一直排在欧盟国家倒数几位，近几年还发生了经济危机。葡萄牙经济发展的不景气也制约了媒体，尤其是报刊的发展。目前，葡萄牙的报刊普遍遭遇经营困难。它们都在寻求合作伙伴，或者通过新媒体手段，力求增强媒体的竞争力，求得生存。葡萄牙传媒行业每年的营销收入能够达到4亿欧元，从业公司达到1.7万多家，5万多人从事传媒行业。①

葡萄牙传媒行业的产品除了针对本国受众，其他葡萄牙语国家和地区同

---

① "葡萄牙传媒联合会"官网数据

样是一大市场。葡萄牙语属于印欧语系拉丁语族。目前,世界上总共有两亿多人在说葡萄牙语,葡萄牙语也是世界第五大语言。共有八个国家和两个地区使用葡萄牙语作为官方语言①。因此,这些地方也是目前葡萄牙传媒行业的必争之地。

## 二、本书的特点与创新

本书是国内第一部系统分析葡萄牙新闻传播的著作。由于目前葡萄牙市面上关于新闻传播的书籍并不是很多,也没有一部能够全面介绍所有传媒形式的发展。作者查阅了目前葡萄牙市面上大部分有关传媒的书籍、相关论文以及部分英文和中文的书籍,力求全面介绍葡萄牙新闻传播的发展轨迹。

本书分为十三章,第一章为绪论,主要介绍葡萄牙的历史、地理与国际地位、本书的创新点和结构。第二章到第七章主要介绍葡萄牙报刊的发展历史。从最初的"活页""新闻书"到报纸、杂志等现代报刊。梳理不同时期葡萄牙报刊的发展历程,包括君主制时期、君主立宪制时期、共和制时期、独裁时期以及当代报刊的发展,同时兼顾各历史事件对于报刊发展的影响,包括历史上的数次政变、第一次世界大战、第二次世界大战等。第八章到第九章主要介绍葡萄牙广播的发展情况,同样是根据历史时期来进行整理。从最初的无线电发射站到正式电台的形成,从地方电台到全国性电台,从中波、短波到调频广播、数字广播,全面介绍葡萄牙广播事业成长历程。第十章和第十一章介绍了葡萄牙电视的发展。诞生于独裁时期的电视起初作为政治工具出现在葡萄牙的传媒舞台,随着时代的发展,电视慢慢成为葡萄牙人家中基本的娱乐品。技术的发展推动了电视在葡萄牙的飞速发展。第十二章简单介绍葡萄牙新媒体行业的情况。第十三章总结了葡萄牙新闻传播的发展,同

---

① 国家:葡萄牙、巴西、安哥拉、莫桑比克、佛得角、几内亚比绍、圣多美和普林西比、东帝汶;地区:中国澳门特别行政区和印度果阿

时介绍目前葡萄牙新闻传播的情况，尤其是各类媒体的主要代表。

由于本书参考的文献，尤其是大量的葡萄牙语文献，目前尚无中文翻译版，因此很多文献、新闻传播机构名称、从业人员姓名都是第一次出现在中文书籍里，可以说是一个首创。此外，作者还特别跟踪了近年出版的葡萄牙语文献和书籍，因此一些数据和材料的截止日期为2017年。

# 第一章 葡萄牙报刊的形成与早期发展

CHAPTER 2

16世纪末,葡萄牙出现了最早的手写版"新闻活页",这也是葡萄牙的报刊雏形。此后,葡萄牙先后出现了"新闻书"、印刷新闻纸版"新闻活页"等报刊的早期形态。1641年11月,葡萄牙历史上的第一份报纸——《光复公报》(Gazeta da Restauração)诞生。葡萄牙早期的报刊形式有公报、信使报等。18世纪,葡萄牙的报刊发展迎来一个小高潮,同时第一次出现了专业类报纸。19世纪,法国三次入侵葡萄牙,报刊在葡萄牙人的反抗运动中起到了重要作用。由于法国的入侵,葡萄牙王室逃至巴西,一定程度上促成了巴西本土报纸的诞生。

## 一、报刊的早期形态

### 1. 新闻活页

口口相传的年代之后，古埃及人在公元前4000年创造了一种象形文字，为手写新闻传播奠定了基础。而在欧洲，公元前59年，尤利乌斯·恺撒当选罗马执政官后，下令每日公布元老院的工作，包括议事记录、法庭审判等。这些内容写在罗马议事厅外一块涂有石膏的白色木板上，这就是最初形式的官方公报。手写新闻在16世纪末期的欧洲发展迅速，逐渐产生了手写版"新闻活页"（folhas noticiosas），这些活页发行期不定，多公布的是商业信息。

葡萄牙最早的手写版"新闻活页"就是在这一时期出现的。葡萄牙的"新闻活页"除了发布商业信息，还会有一些其他内容，例如大型战役、沉船事件、自然灾害等。"新闻活页"在葡萄牙的发展十分迅速。虽然此后葡萄牙出现了定期发行的"新闻书"（folhetos），但是"新闻活页"仍然保持着它的生命力，这是因为：

（1）它没有定期发行的压力；

（2）它能够及时地发布突发事件；

（3）成本低，无须发行商；

（4）信息来源广泛，例如来自国内外的消息，市井坊间的传言，甚至是流言蜚语，它可以不加确认便公之于众。

葡萄牙历史上记载的本国最早的手写版"新闻活页"是"'圣·卡塔琳娜'号船长撰写的有关陛下军队不幸的消息"（Notícia da Infelicidade da Armada de Sua Majestade Que Escreveu o Mestre do Santa Catarina），共有两页纸，讲述的

溃败中的"无敌舰队"

是"无敌舰队"被打败的事情[①]。

此类"新闻活页"的特点是通过耸人听闻的方式发布一些突发事件。不过,随着它的发展,其传达的内容也在不断变化,也开始涉及国内外的一些日常信息。可以说,这些"新闻活页"就是报纸的雏形。

1640 年到 1643 年之间,葡萄牙出现了大量的手写版"新闻活页",它们当中的大部分内容摘自外国的报纸,主要来自法国和意大利。还有一些"新闻活页"综合了不同来源的

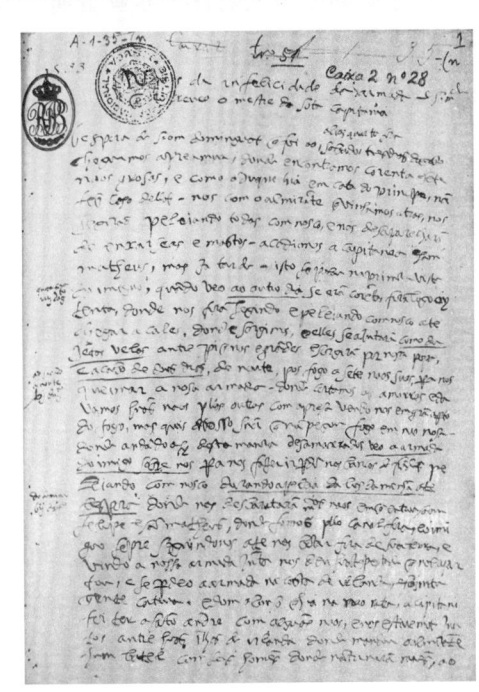

葡萄牙发现的最早的手抄新闻活页

---

[①] 1588 年,西班牙国王腓力二世(Felipe Ⅱ)组建舰队,对英国发动格拉沃利讷(Gravelines)海战,企图入侵英国。腓力二世称这支舰队为"无敌舰队",但却以失败告终,"无敌舰队"也成了英国人讽刺西班牙舰队的称号。

信息。尽管"新闻活页"出现了多种形式,但绝大部分的篇幅都只有一页纸。如上文所述,尽管此后出现了"新闻书"和报纸,"新闻活页"仍然存在了很长一段时间,它们被认为是其他报刊早期形态的一种补充。

2."新闻书"

在最初的手抄新闻传播中,我们能发现两种不同的形式,一种是上文提及的单页版"新闻活页",另一种是多页装订版的"新闻书",即一种"新闻册子",后者的内容形式更接近报纸。这两种形式在17和18世纪并存,互为补充。但是,由于消息来源的不确定性和真实性,人们对于这两种报刊的早期形态有时候还是会抱有怀疑的态度。

"新闻书"的作者常为这种小册子冠以"公报"(gazeta)的名称。例如,葡萄牙早期办报人若泽·苏亚雷斯·达·席尔瓦(José Soares da Silva)起初将其创办的"新闻书"称为"函件形式的公报"(Gazeta em Forma da Carta)。到了1704年,他把小册子名称改为"公报形式的函件"(Carta em Forma de Gazeta)。

报纸和"新闻活页"以及"新闻书"的最大区别在于它的发行过程。报纸大部分采用印刷的方式,因此它们的发行量大,受到的限制少。

3. 最初的印刷新闻纸版"新闻活页"

16世纪以后,在欧洲的很多国家出现了印刷新闻纸版的"新闻活页"。这些印刷"新闻活页"出版周期不定,随机性比较强。每一个"新闻活页"一般只介绍一个事件,或者一个主题,采取的写作传播手法同样是耸人听闻。在葡萄牙,这种印刷新闻纸版的"新闻活页"被称为"消息"或者其他的名称。如今我们所知晓的最早的、最有名的"消息"包括:"有关'圣若昂号'失踪的重大新闻,里面记录着曼努埃尔·德·索萨·塞普尔韦达船长的伟大功绩和不幸,很遗憾的是他、他的妻子和孩子,还有所有其他的人曾经出现在Terra do Natal[①],但是最终在1552年6月24日,全部失踪"(Historia da Mui

---

① 今天的德班

Notável Perda do Galeão Grande S. João em Que Se Contam os Grande Trabalhos e Lastimosas Coisas Que Aconteceram ao Capitão Manuel de Sousa Sepúlveda e o Lamentável Fim Que Ele e Sua Mulher e Filhos e Toda a mais Gente Houveram na Terra do Natal onde se Perderam a 24 de Junho de 1552），由安东尼奥·阿尔瓦雷斯·里贝罗工作室（Oficina de António Alvarez Ribeiro）印刷；"关于'孔塞桑号'，或者'Algaravia a Nova'号船只的悲惨消息，该船 1555 年 8 月 22 日在佩鲁斯巴纽斯岛① 失踪"（Relação do Lastimoso Naufrágio da Nau Conceição Chamada Algaravia a Nova de que Era Capitão Francisco Nobre a Qual se Perdeu nos Baixos de Pero dos Banhos em 22 de Agosto de 1555），同样由安东尼奥·阿尔瓦雷斯·里贝罗工作室印刷；以及"有关堂·费尔南多·德·索托② 和其他贵族探索发现佛罗里达省的消息。如今，埃尔瓦什③ 的一个贵族又做了同样的事情"（Relação Verdadeira dos Trabalhos que o Governador D. Fernando de Souto e Certos Fidalgos Portugueses Passaram no Descobrimento da Província da Florida. Agora novamente Feita por Um Fidalgo de Elvas），由安德烈·德·布尔古斯工作室（Oficina de André de Burgos）印刷。大部分印刷新闻纸版的"新闻活页"主要关注沉船事件和大发现，另外还有一些关注自然灾害等其他话题。

我们通过对目前所知晓的 1552 年到 1641 年（第一份报纸出现的时候）之间的 33 份"新闻活页"进行分析，来了解当时的民众对于不同新闻主题的关注度：

——海上扩张、沉船、大发现、宗教信仰的改变：15 份，占 45.5%；

——宗教信仰和崇拜：6 份，占 18.2%；

——宫廷消息：6 份，占 18.2%；

——国内外一般事件：3 份，占 9.0%；

——战争：2 份，占 6.1%；

——里斯本城市介绍：1 份，占 3.0%。

---

① 印度洋上的群岛，由当时英属印度洋领地负责管辖
② 西班牙探险家
③ 葡萄牙城市

沉船事件

在这一阶段，印刷新闻纸"新闻活页"使用质量低下的纸张，排版粗糙，为的是最大限度地降低成本，并且尽可能快地送到目标人群手中。活页的内容局限于对某一特定事件的描述，没有评论，也没有解读，和手抄版的活页一样，印刷活页的内容也存在真实性问题，因此常常遭到受众的批评。为了博得受众的信任，有些"消息"常常会使用"据可靠人士"等字眼。这些"消息"没有固定的信息来源，由撰稿人根据事件，自行寻找相关资源。发布"消息"的机构十分简单，有时候只有一个撰稿人和一个发行人，这些机构大部分没有自己的印刷厂。

17世纪开始，由于葡萄牙社会信息网络的迅速发展，"消息"行业产生了重大变化。当时，葡萄牙正在抵抗西班牙的统治①。此时，"消息"在葡萄牙大量发行，并且游离于政府的管辖之外。1625年到1650年之间，"消息"在葡

---

① 1580年，由于葡萄牙国力衰弱，又发生了继承人危机，西班牙吞并了葡萄牙，此后葡萄牙人一直在抵抗西班牙的统治，希望独立出来。

萄牙成为激发民意，反对西班牙统治的利器。为了应对这样的局势，当时的国王腓力三世（Felipe Ⅲ）于 1627 年 1 月 26 日向葡萄牙的首席大臣克里斯托旺·苏亚雷斯（Cristóvão Soares）下旨："由于一些'消息'来源不明，考虑不周，给社会带来了严重的困扰，因此请你下令，未获许可且未经严格审查的'消息'不得发行。"

此后，葡萄牙王室针对这些出版物发布了《王国法令》（Ordenações do Reino），规定在本国及其附属地范围内，在没有得到许可的情况下，任何居民都不得印刷任何出版物。所有的出版物在出版之前都应该由朝廷的大法官进行审查，如果被认定可以出版，那么出版人将获得相应的许可。如果无证印刷，违法者将被处以 50 克鲁扎多（cruzado）①的罚款。

在葡萄牙恢复独立的过程中，"消息"起着非常重要的作用。它们巩固了葡萄牙人独立自治的意识和氛围。而在此过程中，"消息"也经历了自身的变化和发展。17 世纪上半叶，"消息"的内容主要还是集中在对某一事件的传播；到了下半叶，尤其是 17 世纪末的时候，"消息"的内容开始转向文学和哲学，有时候刊登一些短篇小说、神灵故事、名人逸事、祝词、悼词等内容。与其他国家同期的新闻类刊物一样，葡萄牙的"消息"有点像书籍，版面不大，多数时候会配图，同时出版周期不定。"消息"的版数少则 4 页，多则上百页。

在反宗教改革②和巴洛克过渡时期，大部分的新闻类出版物内容集中在宗教和科技方面。这些出版物虽然主题各异，但是形式都是"消息"。由于"消息"的主题远离政治，因此不用受制于政府的新闻管控，它的发行和流通相对便利。

### 4. 最初的周期性印刷刊物

在许多欧洲国家，最初的周期性刊物是年鉴。但是它们不具备新闻类刊物的特点。目前所知的葡萄牙最早的年鉴是《永恒年鉴》（Almanaque Perpétuo），是由阿布拉昂·扎库托（Abraão Zacuto）用希伯来文撰写的，此

---

① 葡萄牙旧货币
② 16 世纪新教改革之后罗马天主教内的反改革运动

后该年鉴被翻译成了拉丁语。

16世纪，葡萄牙出现了新闻汇编类的出版物，一些来自于葡萄牙原创，还有一些翻译自西班牙语。当时最成功的新闻汇编类出版物为《时代汇编》（Reportórios dos Tempos），1518年出版，此后被翻译成了卡斯蒂利亚文①，并且于1521、1528、1543、1552、1557和1560年再版。

除此之外，葡萄牙还出现了各种历法，例如用葡萄牙语和拉丁语撰写的《罗马历法和永恒历法》（Calendário Romano e Calendário Perpétuo），这是目前已知的最早的历法，于1536年在里斯本发行。

## 二、早期的报纸

### 1. 公报

15世纪末，随着社会经济文化的发展，人们对于信息的要求越来越多，也越来越高，由此催生了报纸在欧洲的诞生。葡萄牙最早的报纸出现在17世纪初。尽管起步较晚，但是葡萄牙的报纸发展迅速。从起初的半年刊，到后来出现的周刊。最具有代表性的报纸是《光复公报》，它也被公认为是葡萄牙历史上的第一份报纸。该报于1641年11月发行第1期，当时正值葡萄牙试图脱离西班牙统治的"光复战争"的开端，报纸的主要内容

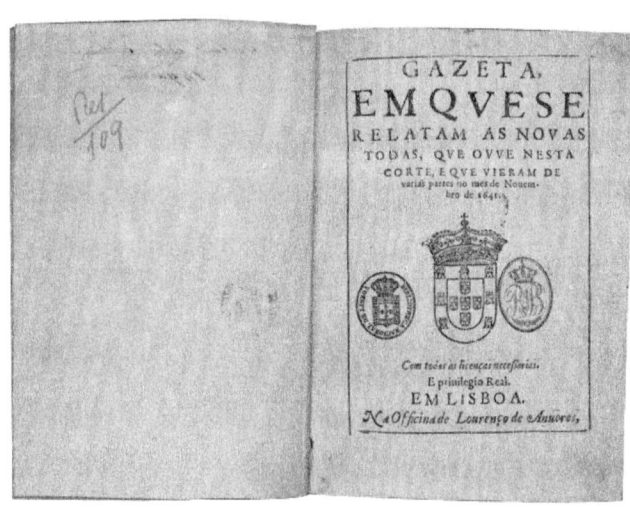

《光复公报》

---

① 即西班牙语

是反对西班牙的统治，揭穿西班牙方面的谎言。

第1期《光复公报》共12页。此后每期的页数各有不同，介于6到16页之间。其间，《光复公报》遭遇过一次停刊。当时的葡萄牙国王若昂四世（D.João IV）认为《光复公报》发布的信息存在失实问题，因此决定暂停报纸的发行。1642年7月到10月间，《光复公报》暂停发行。1647年9月，《光复公报》终刊。

公报具有以下特点：周期性：一般公报是周刊或者月刊；信息的广泛性：公报所涵盖的信息广泛，涉及国内外各类消息；信息可信度不高：公报消息的可信度一直为人们所诟病，主观色彩强烈；政治依赖性：由于需要得到当局的允许，获得发行许可，因此报纸一般都会依附政治需求；获得途径：公报可以从印刷厂直接购买，在公共场所共享阅读，或者通过邮寄的方式获取。

从《光复公报》开始，葡萄牙出现了一批类似的刊物，但是它们不能算作是真正意义上的公报。这一类刊物和《光复公报》的宗旨一样，为当时的"光复战争"制造舆论，宣传独立思想。除此之外，它们和《光复公报》一起，使葡萄牙的读者养成了周期阅读报纸的习惯。

### 2. 信使报

从《光复公报》终刊后的15年零3个月里，葡萄牙没有再出现新的周期性的报纸。直到1663年，葡萄牙历史上第二份报纸——《葡萄牙信使报》（o Mercúrio Português）才诞生。

1662年，葡萄牙遭遇了政治危机，国王若昂四世去世，葡萄牙的政权由其妻子路易莎·德·古斯芒夫人（Luísa de Gusmão）掌控。尽管当时路易莎被西班牙王室安排嫁给若昂四世是为了压制葡萄牙的反抗，但是路易莎本人却坚定地支持葡萄牙的独立事业。然后，经过几次宫廷斗争，在包括卡斯特罗·梅利奥尔（Castelo Melhor）伯爵在内的几位大臣的要求下，路易莎被迫下台，于1662年6月23日把权力传给其子阿方索六世（D. Afonso VI），卡斯特罗在葡萄牙朝廷成为举足轻重的人物。1663年，他邀请安东尼奥·德·索萨·德·马塞多（António Sousa de Macedo）担任国务秘书，主管对外事务。

在政府任职的安东尼奥·德·索萨创办了《葡萄牙信使报》。该报1666年

12月终刊，一共发行了50期。但是在1677年，该报又发行了7期，只不过采取了匿名发行的方式。从1663年1月到1677年7月，《葡萄牙信使报》每月的月底发行，正常情况下，页数一般少则3、4页，多则12页，只有1664年6月发行的一期达到了16页。此外，该报还发行过几期号外。

和《光复公报》一样，《葡萄牙信使报》也是以支持葡萄牙"光复战争"为目的。作为阿方索六世和卡斯特罗公爵的政治工具，《葡萄牙信使报》的命运坎坷。它的发行也随着当时的历史事件起起伏伏，包括1666年到1668年葡萄牙再一次发生的政治危机，阿方索六世王朝倒台，其弟堂·佩德罗（D. Pedro）掌权。

相比于《光复公报》，《葡萄牙信使报》有了长足的进步，形式更加规整，风格上更加谨慎，贴近读者。和《光复公报》不同，《葡萄牙信使报》从第一期开始就把责任编辑的名字写在报纸上。为了能够吸引受众，该报把本期重要的内容提要写在封面上。此外，它还以非常直接的方式向读者阐述报纸的宗旨和倾向。

《葡萄牙信使报》终刊后，葡萄牙出现了一批类似的报纸，包括1689年创刊的《欧洲信使报》（*Mercúrio da Europa*），该报主要报道发生在欧洲各国的新闻事件。进入18世纪以后，葡萄牙又出现了很多以"信使报"命名的报纸，例如《里斯本历史、政治与文学信使报》（*Mercúrio Histórico, Político e Literário de Lisboa*）、《里斯本历史信使报》（*Mercúrio Histórico de Lisboa*）等。

### 3.《里斯本公报》

在17世纪的葡萄牙，除了《葡萄牙信使报》和此后创办的并不出名的《欧洲信使报》，再没有出现定期发行的刊物。18世纪出现的第一份新闻性质的出版物叫作《公报》（*Gazeta*），它不是定期刊物，最终只发行了两期。直到1715年8月10日，葡萄牙出现了又一份重要的报纸——《里斯本公报》（*Gazeta de Lisboa*）。《光复公报》和《葡萄牙信使报》更多地报道战争的情况，而《里斯本公报》则不同，该报纸主要报道葡萄牙国内外的消息以及政府的任命通报。许多新闻都是从国外的报纸上摘抄或者翻译过来的。如果非要说这三者之间的共同性，那就是它们都得到了政府的庇护。

《里斯本公报》早期发行量较大，因此在里斯本设有一些固定的销售点，分布在商业区和人群活跃的地区。《里斯本公报》和政府关系密切，在政府的支持下，《里斯本公报》的经营得到了保障，在市场上几乎没有竞争对手。在此背景下，该报获得信息，尤其是政治方面的信息更加便利。该报能定期从当时的国家外交秘书处（Secretaria de Estado dos Negócios Estrangeiros）获得国外消息，这些消息个人是无法得到的。此外，政府帮助《里斯本公报》建立了一个销售网络，同时该报在全国各地都设有记者站。

《里斯本公报》

《里斯本公报》不求广泛的传播，其目的主要是影响里斯本的政治圈。它希望通过报道，影响葡萄牙的贵族支持光复，同时期望得到外国政府对葡萄牙政府的支持，以对抗西班牙政府的压制。1718年，由于里斯本东西分治①，该报更名为《西里斯本公报》（Gazeta de Lisboa Ocidental）。1741年9月，分治结束，报纸又恢复原名。

发行初期，《里斯本公报》只有4页纸，随后扩版到8页、12页。报纸采用小册子的形式发行，因此每年可以制作合订本。合订本被称为《以欧洲为主的世界记录与政治年鉴》（História Anual Cronológica e Política do Mundo e especialmente da Europa）。《里斯本公报》的发行周期起初为一周，发行的

---

① 1709年，里斯本被东西分治，1741年，当时的国王若昂五世宣布东西里斯本合并。

时间不定，根据事件尤其是国外事件发生的时间，在周二、周四或周六发行。从 1742 年开始，发行周期改为双周。除了正常发行的报纸外，《里斯本公报》编辑部还会不定期发行一些新闻活页，这些活页消息快，价格低，受到读者的广泛欢迎，而这些活页对于报纸的内容也是一种补充。

若泽·弗莱雷·蒙特罗伊奥·马斯卡拉尼亚斯（José Freire Monterroio Mascaranhas）担任《里斯本公报》总编 40 多年。1760 年 1 月，马斯卡拉尼亚斯去世。同年 7 月 22 日，一份叫《里斯本》（Lisboa）的报纸发行，尽管人们普遍不认为此刊物为《里斯本公报》的延续，但是该刊在创建的时候明确提出，蒙特罗伊奥·马斯卡拉尼亚斯为此刊的创始人，甚至印刷线也跟《里斯本公报》是同一条。不同的是，此刊物的主管部门已经变成了国家外交与战争秘书处（Secretaria de Estado dos Negócios Estrangeiros e da Guerra）。而针对该报，葡萄牙特别成立了国务秘书处出版社（Impressãoda Secretaria de Estado），慢慢让其带上了官方的色彩。

每一期《里斯本》报都会带有一份 4 页纸的副刊，刊登葡萄牙著名诗人佩德罗·安东尼奥·科雷亚·加尔桑（Pedro António Correia Garção）的诗歌。直到 1762 年，《里斯本》报被庞巴尔（Pombal）侯爵独裁政府叫停，副刊也随之暂停。这一举动也反映出了庞巴尔侯爵的政治忧患。从《里斯本》报停刊到 1777 年葡萄牙国王堂·若泽（D. José）去世，葡萄牙没有出现其他的定期出版物。

1778 年 8 月 4 日，在玛丽亚二世（Maria II）执政时期，《里斯本公报》复刊，主编由菲利克斯·安东尼奥·卡斯特里奥托（Félix António Castrioto）担任。根据葡萄牙政府 1781 年 3 月 22 日颁发的许可，只有他拥有在葡萄牙发行报纸的权限。然而，这样的独家许可并不能阻止大量其他报纸类刊物的出现。

## 三、18 世纪的葡萄牙报纸

### 1. 报纸运动的兴起

前文提到，在 18 世纪初，有一段 15 年的报纸发展空档期。其主要原因是官方报纸占据了新闻空间，同时还有一些手抄小报和国外的报纸在民间流传。此外，当时的政府无意颁发更多的报纸运营许可。

这种现象在1715年到1730年慢慢得到改观。这段时期，社会各阶层对于信息的需求慢慢增加。此间出现了名为《东西里斯本新闻书》(*Folheto de Ambas Lisboas*)的刊物，但是没能持续很久。从18世纪40年代开始到1800年，葡萄牙共创办了53种定期刊物，尽管它们当中的大部分并不具备报纸的性质。而这样迅猛的发展势头在1801年到1807年间更加明显。在此期间，葡萄牙总共出现43种新的定期刊物，平均每年6种。如果按照每10年为1个单位来计算创办的定期刊物，那么我们可以看到以下数据：40年代5种，50年代14种，60年代6种，70年代6种，80年代8种，90年代14种。

在此期间，随着整个欧洲的潮流，葡萄牙也出现了一些专业性期刊，内容涉及哲学、宗教、历史、科学、经济、技术等，其中百科全书类53种，轻娱乐类18种，文学类13种，新闻类10种，哲学类8种，科技类8种，经济类8种，历史类6种，以及一些其他类别的期刊。从发行周期来看，最为密集的是新闻类期刊。从1704年开始，葡萄牙就已经开始出现此类期刊，而从1740年开始，出现了井喷式发展。除了新闻类，其他主要类别报纸的发展情况如下。

（1）百科全书类

1751年首次出现在葡萄牙。到1756年，总共有三种该类报纸发行。但是此后近20年，葡萄牙没有出现新的百科全书类报纸，这种情况一直持续到1793年。1793年到1798年，共有5种此类报纸在葡萄牙发行。从1800到1807年，百科全书类报纸有所发展，记录在案的一共有15种。

（2）哲学类

哲学类报纸在葡萄牙并不多见，第一次出现在葡萄牙是1752年。1758到1759年间，共有3种哲学类报纸发行。此后便经历了一段真空期。从1776年到1803年，总共也只有4种此类报纸在葡萄牙发行。

（3）文学类

文学类的报纸在18世纪下半叶开始迅速发展，第一份文学类的报纸于1749年发行。从1753年到1806年，葡萄牙总共发行了12种此类报纸。

除了上述报纸，其他类别的报纸在葡萄牙的首发年份分别是：科技类1749年，历史类1760年，经济类1750年，轻娱乐类1730年等。葡萄牙报业快速发展正值欧洲启蒙运动时期，不过，我们无法为此单独辟出一类报纸，因为启蒙思想几乎渗透在各种报纸中，例如百科全书类、哲学类等。

而报业的快速发展从另一方面反映出了18世纪葡萄牙社会的各种矛盾：保守派和创新派，形式主义和现代主义，反启蒙主义者和理性主义者，官宦和资产阶级等。在若昂四世执政时期，由于受到国外思想的影响，葡萄牙出现了各种新思潮，而各类报纸也渐渐不再受制于朝廷，不再依附于权贵和社会主流阶层，同时报纸的读者群也渐渐延伸至中产阶级。

## 四、法国入侵时期葡萄牙的报业发展

### 1. 新闻书和传单

进入19世纪以来，除了新闻政治类报纸《里斯本公报》，葡萄牙几乎没有一份其他定期发行的报纸。而即便如此，《里斯本公报》也只是大量翻译国外报纸的新闻，并且消息十分滞后。1807年拿破仑最青睐的高级军官之一、前驻布拉干萨朝廷①的朱诺（Junot）将军率军入侵葡萄牙后，葡萄牙的抵抗文学迅速兴起，随之而来的是一批反侵略"新闻书"的发行。因为印刷简单，发行迅速，这种"新闻书"在葡萄牙迅速扩张。从1808年到1815年，葡萄牙境内总共有近2000种"新闻书"发行。这些新闻书主要分为四个类型：反法国侵略、反拿破仑、反法国同化和纯粹的爱国。这些新闻书的目标是共同的，即揭露"雅各宾派"侵略者的暴行，维护布拉干萨王朝，解救民族，以及歌颂葡萄牙军队的胜利。除了本国的小册子，在葡萄牙还发行一些来自西班牙的同类刊物。

1808年，法国人废除布拉干萨王朝，激起了葡萄牙人的极大不满。在大

---

① 17到20世纪统治葡萄牙的王朝

部分公共场合，无论是马路上，还是餐厅、酒吧里，随处可见反对法国侵略的"新闻书"。1808 年以前，葡萄牙人的反抗还停留在抗议、表达不满方面。从 1808 年开始，抗议活动开始变得有组织性和系统性。1808 年 6 月 6 日，波尔图发起了光复起义，尽管最终失败，但是其影响已经延伸到葡萄牙全境。自此以后，葡萄牙反侵略的刊物不断出现。各种各样的传单也和"新闻书"一样，成了葡萄牙人抵抗侵略的利器。

面对如潮的反侵略刊物，法国人也有些慌乱。然而，他们却无法抑制这些刊物在葡萄牙的发展和传播，因为它们风格不一，来源不一，大部分都是匿名的、手写的，法国人根本找不到它们的作者和传播者。

### 2. 报纸

相对于新闻书和传单，这一阶段，报纸的生存举步维艰。直到 1808 年 8 月 30 日举行的"辛特拉会议"（Convenção de Sintra）[①]之前几周，波尔图和科因布拉才陆续出现几份新的报纸。

在科因布拉，6 月 23 日的光复运动成功之后，出现了一份名为《卢济塔尼亚的密涅瓦》（Minerva Lusitana）的报纸，这也是科因布拉市历史上的第一份报纸。该报除周日以外每日发行，一共发行了 74 期，1811 年 7 月 6 日终刊。《卢济塔尼亚的密涅瓦》报道的内容包括拿破仑在欧洲的战事，西班牙和葡萄牙抵抗侵略者的情况。报纸使用的语言激烈，强烈抨击侵略者的暴行。

在波尔图，1808 年 6 月 18 日，侵略者被赶出葡萄牙后，当地成立了临时最高政府委员会（Junta Provisional do Governo Supremo），为该市第一份报纸《葡萄牙忠义之士》（Leal Português）的诞生创造了条件。有趣的是，该报纸的第 1 期和第 4 期的发行时间一样，都为 1808 年 7 月 27 日，但是第 2 期的发行时间却是 7 月 13 日。该报一直到 1810 年才终刊，其间因为法国人的第二次入侵，中断过几期。该报每周发行，每期 8 页，主要报道当时的政治与军事事件，重点介绍拿破仑军队在西班牙和葡萄牙的侵略，同时穿插一些爱国歌曲和诗歌。

---

① 标志着第一次法国侵略的结束

韦尔斯利将军

上述两份报纸在葡萄牙的影响非常大,成为葡萄牙反对法国侵略行动的重要武器。两种报纸十分抢手,有几期甚至出现了加印的情况。

1808年8月1日,英国韦尔斯利将军(Arthur Wellesley)①率领1万人的军队抵达蒙太古河口。三天后,他宣布将解放葡萄牙。8月16日,得知英葡联军向里斯本进发的消息后,朱诺被迫离开里斯本,但是留下了他的军队。然而,他的这支军队最终难逃失败的命运。

法国统治的衰落以及人们对其即将倒台的期盼催生了一批报刊。在此时期诞生的第一份报纸叫《罗西奥公报》(Gazeta de Rossio)。之所以选择"罗西奥"这个名字,是因为在里斯本的罗西奥区,反对法国侵略的活动最为活跃。该报的主要任务是讽刺侵略者,并且揭穿当时已经被法国政府控制的《里斯本公报》上的谎言。该报每一期上都没有发行日期,只有通过其报道的新闻发生的日子大致判断出版的日期。报纸用诙谐的语言讽刺被拿破仑所侵占诸国发生的事件。

1808年8月25日创刊的《阿尔玛达公报》(Gazeta d'Almada)和《罗西奥公报》风格相似,该报在"辛特拉会议"召开之前只发行了一期,此后,报纸的发行周期不定,单周或者双周发行。和《罗西奥公报》一样,《阿尔玛达公报》也在极力揭穿《里斯本公报》上发布的虚假信息和谎言。

**3. 第一次法国侵略结束后葡萄牙报业发展**

第一次法国侵略葡萄牙失败之后,为了能够占领欧洲的最西端,拿破仑又两次命令攻打葡萄牙。不同的是,这两次侵略,法国仅仅占领了葡萄牙的

---

① 即之后的第一任威灵顿公爵(Duke of Wellington)

小部分地区，因此葡萄牙政府依然能够在里斯本正常运转。1809年开始，葡萄牙的统治者意识到，尽管法国占据了葡萄牙的小部分地区，但是他们的野心并不止于此。正是因为这样的情况，葡萄牙当局第一次允许报纸开辟出专门板块，用于政治辩论。但是这样的政治辩论自由度是有限的，因为在这个版块里，不能出现攻击葡萄牙政府和自由主义思想的言论，只能发表反对法国侵略者、反对拿破仑侵略野心的言论。

期间，葡萄牙创办的报纸只会报道政治和军事事件，一般不会加以评论，即便是评论，也会非常小心。不过，自由主义思想①和反专制主义思想并没有因此减少，反而是在第一次法国侵略结束后，这样的思潮开始慢慢被大众接受。

即便葡萄牙政府开辟了自由辩论的版块，我们也不能说这样的现象标志着葡萄牙媒体自由的诞生。这是因为，这样的宽松措施并非是为了通过讨论来获得真理，而是为执政者创造一个舆论的大环境。尽管如此，这一点点的宽松足以让葡萄牙的报业得到迅猛的发展。葡萄牙的民众开始对影响本国、伊比利亚半岛，甚至整个欧洲的问题产生兴趣和疑问，为此，报纸都会极力去寻求解答。

1808年11月21日，《葡萄牙的拉加德或晚餐后公报》（*O Lagarde Português ou Gazeta para depois de Jantar*）在里斯本创刊，双周发行，每期4页，总编为路易斯·塞奎拉·奥利瓦（Luís Sequeira Oliva）。拉加德是当时法国侵略时期里斯本警察总长，也是《里斯本公报》的总编。《葡萄牙的拉加德或晚餐后公报》常常用戏谑的口吻来讽刺拿破仑政府以及拉加德。例如在拉加德离开里斯本以后，该报曾经讽刺地说道："不可逾越的拉加德先生，《里斯本公报》的总编，在值得纪念的八月离开了里斯本。虽然《里斯本公报》还在继续发行，但是，缺少了这位能干的记者曾经带给我们的那美妙的言辞……"从创刊到1808年12月15日，该报总共发行了8期。

---

① 当时的政府称这种思想为"法国化"思想

随后，该报改名为《葡萄牙电讯或晚餐后公报》（Telégrafo Português ou Gazeta para depois de Jantar），因为葡萄牙的民众不喜欢"拉加德"这个名字。1809年9月24日，该报再次改名为《葡萄牙电讯》（Telégrafo Português），而总编奥利瓦也宣布该报将放弃讽刺的风格，转而变成一份严肃的报纸。此后，经历了数次名称的变更，该报于1814年12月31日终刊。

从1809年开始，葡萄牙的新闻类报纸发展迅速。在这些报纸里，最值得关注的是当年5月1日发行的《里斯本日报》（Diário Lisbonense），它是葡萄牙新闻传播史上的第一份日报。在它创刊六周后，《里斯本公报》才变成每天发行。《里斯本日报》的创始人是埃斯特旺·布罗卡尔多（Estêvão Brocardo），主编是安东尼奥·曼努埃尔·达·席尔瓦（António Manuel da Silva）。该报每期4页，售价20里斯（réis）[①]。《里斯本日报》报道的消息主要是政治类和文化类，此外还会发布一些官方消息，尤其是欧洲战事动态、外国朝廷的事务、里斯本发生的事件、船只进出港消息、商品价格、不动产买卖等信息。1813年5月31日，《里斯本日报》终刊。

第一次法国侵略结束后诞生的报纸还包括《卢济塔尼亚周报》（Semanário Lusitano）、《下午邮报》（Correio da Tarde）、《环球图书馆》（Biblioteca Universal）、《半岛邮报或新电讯报》（Correio da

《里斯本日报》

---

① 葡萄牙旧货币

*Península ou Novo Telégrafo*）等。而此前提到的《阿尔玛达公报》也从 1809 年 7 月起从手抄本变成了印刷本。

与此同时，在 1809 年中期，尽管面对法国两次侵略的危机，但是当时的政府认为，整个事态还是可控的。保守的政府担心的是"法国化"的思想对国内的政治思想产生影响。他们认为，在国内，因为采取了一些措施，对亲自由主义的文章进行了审查甚至打压，因此形势是可控的。但是来自国外的信息却是政府的心腹大患。因为从国外涌入的信息很难控制，却对葡萄牙国内形势产生了巨大的影响。其中 1808 年在伦敦由伊波利托·若泽·达·科斯塔（Hipólito José da Costa）创立的《巴西利亚邮报》（*Correio Brasiliense*）引起了葡萄牙政府的特别注意。为了压制外来思想的涌入，葡萄牙政府发行了

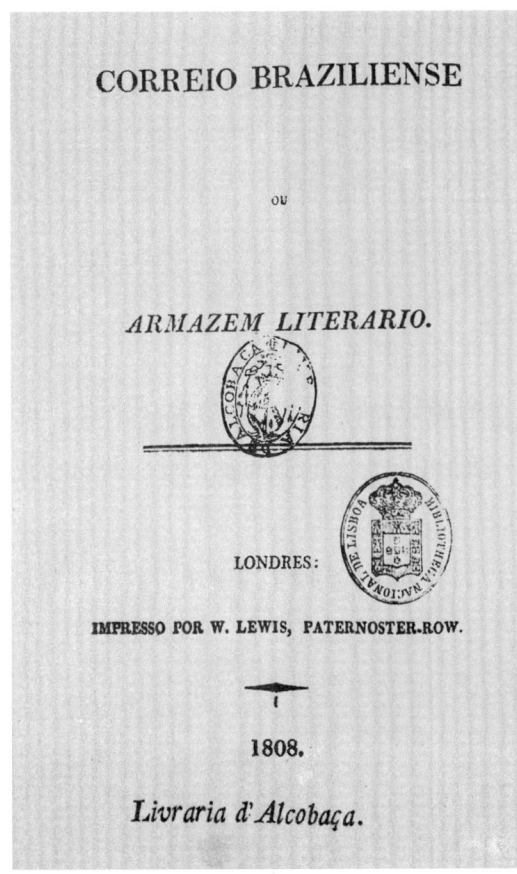

《巴西利亚邮报》

伊波利托·若泽·达·科斯塔

两份报纸，对《巴西利亚邮报》进行了攻击。由此在葡萄牙开启了一场意识形态的对抗运动。两份报纸分别为《午间蜜蜂报》（Abelha do Meio-dia）和《巴西利亚邮报真相反馈》（Reflexões Feitas em Abono da Verde sobre Correio Brasiliense）。两份报纸均称对消息去伪存真，称《巴西利亚邮报》亲拿破仑。伊波利托对此进行了有针对性的反击。

而这场运动对葡萄牙媒体产生的最大推动发生在1809年的9月1日。这一天，葡萄牙诞生了四种新闻与政治报刊：《新里斯本日报》（Novo Diário de Lisboa）、《里斯本报》（Journal de Lisboa）、《信使报》（O Mensageiro）和《政治地图》（Mapa Político）。其中前三种是日报，后一种为双周刊。《新里斯本报》主要报道市井新闻，其中一些内容摘自国外的报纸；《里斯本报》报道的内容比较宽泛，没有特别针对的领域；《信使报》的报道主要针对国外发生的政治和军事事件；《政治地图》的文章主要翻译自国外的刊物。

从上述四种报刊发布的内容，我们不难看出，当时的葡萄牙读者对于军事和政治事件，尤其是国外，或者说欧洲国家的事件非常感兴趣。正因为有如此浓厚的兴趣，国内的报刊已经无法满足他们的胃口，他们开始寻求更多的信息来源。一些外国的报刊开始在葡萄牙国内流通，有的是翻译版，有的直接是原文版。

目前所知的葡萄牙第一份翻译自外文的报纸是《爱国周刊》（Semanário Patriótico）。该报1808年7月首次在葡萄牙发行，原文内容完全来自西班牙语的报纸。报纸分为两个部分——政治和文学。该报每期两卷，共30页，1808年总共出版了12期，随后终刊。

1809年，法国第二次侵略葡萄牙后，《爱国周刊》这类的报纸大量涌现。除了周期性发行的外国报纸翻译与摘要，葡萄牙还出现了一些随机性的、无发行周期的新闻单页（folha alusiva）。这些单页主要刊登国外报纸上的某一篇文章，或者报纸的副刊。而到了1810年，葡萄牙境内只发行了两份报纸。这种戛然而止的态势是因为当时葡萄牙政局出现的一些变故，导致政府对报刊业加强了管制。当局者一方面担心来自法国的第三次侵略，而这种担心在当年的夏天成为现实。在这种情况下，葡萄牙政府需要在国内渲染一种爱国的热情。另一方面，在法国第一次侵略后，改革的思想开始在葡萄牙萌芽，而且这种势头随着报刊业的发展在不断扩大，触动了当局者的神经。

由于政策的收紧，除了政府发放许可的《里斯本公报》，任何报纸都不得刊登国外的消息。1809年9月1日，也就是此前提到的政府同时发行四种报刊的当天，皇家印务局（Junta de Impressão Régia）①宣布，将不再发放新的周期刊物的许可。但是政府却没有遵从这样的规定，继续发行新的公报和副刊。因为政府认为，在第一次国家光复后，印务局在发放报刊许可的时候，从来不听政府的意见。由于需要政府提供资金以面对巨大的开支，皇家印务局最终服软，发布公告称，政府发布的公报和副刊不属于周期性刊物，因此不在受限范围内。并托词，此前印务局发放的执照是通过宫廷审判团（Mesa do Desembargo do Paço）发放的，与己无关。

因为法国侵略而逃亡巴西里约热内卢的葡萄牙王室对此事十分关注。国王若昂六世（João Ⅵ）要求身处葡萄牙的当政者认真处理皇家印务局的问题，同时遏制一切跟保卫国土相悖的言论和文字。而里斯本的当政者执行命令也十分干脆，于1810年5月21日彻底解散了皇家印务局，同时向里约的王室通报了此事。

虽然印务局的问题得到了解决，但是当收到宫廷审判团批准发行的两份报纸时，身处巴西的葡萄牙王室再一次担忧起来。这两份报纸，一份对西班牙女王进行了抨击，而另一份报纸则对英国

若昂六世

---

① 葡萄牙当时负责发放报刊许可的部门

的宪法大加赞扬,呼吁葡萄牙的民众接受英国宪法的精神。1811年10月5日,若昂六世向宫廷审判团发出指令,要求后者立即对此类出版物进行严格审查,防止新思想对葡萄牙民众产生影响。

随着法国第二次侵略的到来,葡萄牙当局对于国内局势越发惆怅。当法军元帅、达尔马提亚公爵尼古拉·苏尔特(Nicolas Soult)[①]刚刚攻入波尔图的时候,葡萄牙当局开始对一些"危险人物"进行审查,有的逮捕,有的软禁,有的被驱逐出里斯本。这些人多与葡萄牙共济会(Grande Oriente Lusitano)有关联。从1809年开始,警察局经常会接到一些匿名的举报,一些人被指是法国侵略者的同谋,或者是在葡萄牙传播革命思想。政府的压制措施到1810年9月达到顶峰。短短一个月,数百人被关进监狱或者被驱逐出里斯本,因为他们被认为是亲法国分子。此时的葡萄牙记者十分纠结,一方面他们需要维护自己的祖国,抵抗外来侵略者;另一方面,他们又开始慢慢接受外来的自由主义思想。正因如此,一些报刊被陆续关停,有的迁到了国外。

**4. 法国侵略者的宣传战略**

当时,法国占领了一些国家,例如荷兰、意大利、埃及等,为了巩固自己的殖民统治,他们对当地媒体采取了十分严格的管制措施。起初,法国人关停了许多本地报纸,之后又加强了对其他本地报纸的监管。这两种方式都没有起到法国人希望的效果,于是他们在各殖民地,法国人称它们为"战区",创立自己的报刊,影响舆论。有的战区出现了数份法国人创立的报刊。而之后,为了方便管理,他们将每个战区控制舆论的媒体减少为一家。

占领葡萄牙部分地区后,法国的侵略者对葡萄牙进行的一些反侵略宣传活动十分担忧。因此他们寻求葡萄牙社会精英阶层,甚至一些普通民众的协助,巩固他们在葡萄牙的统治。然而事与愿违,法国人的想法太过简单。于是他们采取了在其他国家采取的同样方法对待葡萄牙媒体。两次侵略期间,

---

[①] 法国军事家、政治家,此后担任过法国总理

法国人分别通过《里斯本公报》和《波尔图日报》(Diário do Porto) 来控制葡萄牙的舆论。

《里斯本公报》由当时的警察总长拉加德管理，是法国人侵略葡萄牙时期重要的宣传途径。朱诺将军要求将报纸版头上的图画从葡萄牙武器换成法国雄鹰。在法国人的控制下，《里斯本公报》发布的消息完全为了美化殖民统治，例如人民大解放、拿破仑的功绩及带给葡萄牙人的好处、葡萄牙人如何拥护他等等。由于过分渲染法国统治，发布的消息过度偏袒，因此，《里斯本公报》越来越失信于读者，影响力也越来越小。

《波尔图日报》虽然叫日报，但它实际上是一份周报，逢周六出版。该报纸1809年4月5日创刊，5月6日终刊。这一时期正好是苏尔特占领波尔图的时期。该报纸歌颂苏尔特的功绩，激起了当地爱国民众的强烈不满。由于地域的局限性，该报并没有在葡萄牙产生很大的影响。

## 五、葡萄牙移民办报

从1770年开始，尤其是从1789年到1806年间，葡萄牙的对外贸易发展迅猛。而这种发展促进了葡萄牙语报纸在海外的扩张。例如英国的伦敦，作为葡萄牙商人主要的活动场所，葡萄牙移民创办了多份报纸。另一方面，世界市场对巴西产品的开放同样促进了葡萄牙语报纸在国外的传播。此外，在英国出版并且由英国的商船运往葡萄牙和巴西的报纸不用经过葡萄牙当局的审查，因此葡萄牙语报纸以伦敦为中心，开始在海外扩张。

随着海外葡萄牙语报纸的迅速壮大，葡萄牙当局开始意识到这些报纸的问题，逐渐开始进行审查，同时命令驻扎在英国的外交官对英国出版的葡萄牙语报纸进行监控。

此前我们提到的《巴西利亚邮报》就是这些报纸中比较有影响的一份。葡萄牙当局对于这份报纸非常担忧，因为它经常刊登一些反葡萄牙政府甚至国王的文章。而葡萄牙当局曾经通过多种途径希望阻止这些文章发表，包括要求英国当局禁止报纸出版，但都未能成功。虽然未能从源头上阻止《巴西利亚邮报》的出版，但是葡萄牙当局还是阻止其在葡萄牙和巴西境内的发行。最早对《巴西利亚邮报》采取措施的是巴西南部的阿雷格里港（Porto Alegre）。1812 年 3 月，当地政府开始禁止该报在本地的发行。然而，葡萄牙政府还是不死心，他们求助英国政府对《巴西利亚邮报》的总编伊波利托采取司法措施，甚至将他驱逐出英国，英国政府同意了这一请求。然而，由于记者受当地共济会的保护，并且伊波利托已经加入英国籍，葡萄牙当局的请求无法实现。面对失败，葡萄牙当局只能下令在葡萄牙全境禁止发行《巴西利亚邮报》。

除了《巴西利亚邮报》，《英国的葡萄牙调查者报》（*O Investigador Português em Inglaterra*）和《葡萄牙人报》的影响力在海外也比较大。其中《英国的葡萄牙调查者报》创刊于 1811 年 6 月，终刊于 1819 年 2 月。相比于前者，该报的言辞比较隐晦。但是，葡萄牙当局依然对其十分忌惮。1816 年，当时的葡萄牙驻英国大使帕尔梅拉（Palmela）跟《英国的葡萄牙调查者报》的主编若泽·利贝拉多（José Liberato）会面，希望把该报变成流亡政府的官方报纸，但是遭到了后者拒绝。这一决定直接导致了报纸被停刊。于是利贝拉多创立了《葡萄牙冠军报》（*Campeão Português*），这同样是自由主义革命前夕的一份重要报纸。

此后，《巴西利亚邮报》也改变了风格，对葡萄牙当局尖锐的批判也有所缓和。正因如此，葡萄牙当局对《巴西利亚邮报》的压制也随之缓和。帕尔梅拉在 1817 年 1 月 5 日的公文中写道："《巴西利亚邮报》已经完全放弃了原有的抨击风格。"这一点也得到了当时里约热内卢政府的认可。葡萄牙当局此后不断放松对《巴西利亚邮报》的限制。

然而，葡萄牙当局的态度随着巴西伯南布哥（Pernambuco）的起义①变得再次强硬起来。帕尔梅拉上书政府，说这次起义对国家造成了不可估量的损

---

① 1817 年，巴西人在伯南布哥州举行的反对葡萄牙殖民主义、君主专制的起义

失,很大原因上来自于这些报纸的信息传播。而葡萄牙政府对于这样的说法完全赞同,因为在起义发生的伯南布哥州,人们可以自由阅读《巴西利亚邮报》和《葡萄牙人报》这一类的报纸,而这些报纸成了起义者的同谋。政府认为,《巴西利亚邮报》在社会上造成的混乱,比法国人入侵更为严重。

而《葡萄牙人报》在这一时期对政府的抨击十分严厉,他们认为当时国家的混乱完全是因为国王的无能。面对这样的局面,葡萄牙政府下达禁令,这一次,除了《巴西利亚邮报》,《葡萄牙人报》同样开始受到压制。

随着自由主义思想的报纸在葡萄牙和巴西发行,葡萄牙当局越来越担忧。针对当时的情形,葡萄牙政府采取了多种方式,例如花钱收买他们,把海外报纸引入国内,或者通过各种方式在海外追查和监视。尽管葡萄牙政府极力遏制,但是种种迹象表明,自由主义的思想已经在葡萄牙社会蔓延开来。

在英国,葡语版本的自由主义思想报纸深受旅英葡萄牙人群的喜爱,并且广为阅读。即使是在葡萄牙本土,尽管政府极力打压,并且禁止这些报纸进入境内,但是一些有门路的人却能弄到《巴西利亚邮报》《英国的葡萄牙调查者报》之类的报纸,并且通过非常隐蔽的方式在葡萄牙民间传阅。一开始,这些"地下报纸"只在大城市,例如里斯本和波尔图传播。之后一些小城市也有了这些报纸的踪迹。除了报纸,葡萄牙人还通过来自海外的书信,接受自由主义的思想。当然,在葡萄牙境内,会有一些"线人"来接收信息,然后传达给其他人。而其中的一些"线人"被当局发现后立即处死。

尽管遭到葡萄牙当局的镇压,但是不可否认,这一批由葡萄牙移民创办的报纸为自由主义思想在葡萄牙的传播起到了重要的作用,为1820年葡萄牙自由党人发动革命奠定了基础。

## 六、巴西报纸诞生前夕

18世纪,巴西无论是经济还是政治方面,在大西洋地区都占据了重要的地位。然而,这样的形势却未能帮助巴西报业形成和发展。原因有两个:

第一，当时的巴西工业发展滞后，几乎没有印刷厂；第二，受北美独立的影响，葡萄牙政府担心巴西境内如果发行报纸，独立的思潮也会蔓延开来。在1706年的累西腓，最初的印刷厂被葡萄牙殖民政府扼杀在摇篮中。而在1746年的里约热内卢，一家小型的印刷厂也因被政府认为印刷了反国家的言论而关停。

直到1808年葡萄牙王室抵达里约热内卢，当地才有了第一家真正意义上的印刷机构，即后来的皇家印务局。而从这里印出的所有材料必须先经过当局的审查，才能在社会上发行。尽管如此，巴西书业却悄悄地发展起来。从18世纪末期开始，国外的海员，尤其是英国的海员，带来了许多书籍，例如美国宪法、法国宪法，还有一些关于英国殖民地独立的书籍。然而这些书籍很少能公开销售，直到1792年，里约热内卢才出现了第一家书店。一些在葡萄牙的巴西学生在回到南美后开始传播新思想，与此同时，一些秘密的组织也在扩大这些新思想的影响。随着巴西港口的开放，越来越多的书籍跟着英国商船，绕过当局的审查，流入境内。

由于葡萄牙皇室逃到里约热内卢，巴西境内关于欧洲的新闻越来越多。虽然在巴西的土地上没能诞生报纸，但是1808年在英国，却诞生了巴西历史上的第一份报纸——《巴西利亚邮报或文库》（*Correio Braziliense ou Armazém Literário*），也就是此前所说的《巴西利亚邮报》。之所以称其为巴西历史上的第一份报纸，是因为它的创始人伊波利托·若泽·达·科斯塔是巴西人，而且报纸聚焦了大量有关巴西的问题。

如前文所述，葡萄牙和巴西的执政者们对这些报纸的审查尺度松紧不一，以至于即使是在1817年伯南布哥州发生起义后，一些报纸还是能够通过各种途径进入葡萄牙和巴西，例如《巴西利亚邮报》《葡萄牙冠军报》《葡萄牙人报》等。虽然政府对于这些报纸持谨慎态度，但是政府内部的一些官员，甚至是位高权重者，也成了它们的读者，并且时常讨论报纸上的内容。

在独立以前，巴西的报业发展可以分为两个阶段。第一阶段从葡萄牙王室抵达巴西开始,那时的报纸都是用来刊登歌颂葡萄牙王室或者一些文学和娱乐类的内容。第一份在巴西本土诞生的报纸是 1808 年 9 月 10 日创刊的《里约热内卢公报》(*Gazeta do Rio de Janeiro*),比《巴西利亚邮报》晚了 3 个月。该报每周两期,逢周三和周六发行,1822 年 12 月 31 日终刊。该报主要报道欧洲的重大事件,尤其是拿破仑的动态、欧洲各国王子的健康状况以及他们的生日信息、新书的发布等。《里

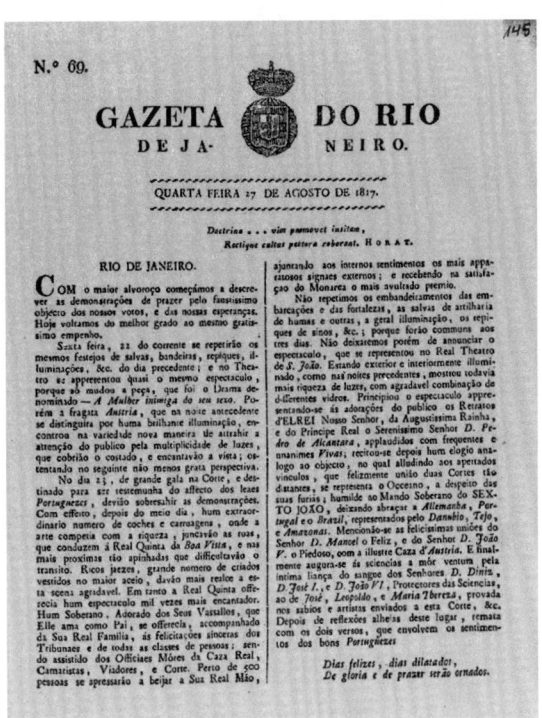

《里约热内卢公报》

约热内卢公报》的大部分信息来源于《里斯本公报》和一些英文报纸。尽管一直是巴西报界的权威,但是直到 1822 年 11 月 14 日,《里约热内卢公报》才成为政府官方报纸。也就是说,《里斯本公报》作为官报只存在了 1 个多月。

除了《里约热内卢公报》,在 1820 年自由党人革命之前,里约热内卢还出现了一些重要的报纸,例如 1813 年创刊的《大众报》(*O Popular*),1817 年创刊的《里约热内卢号外报》(*Gazeta Extraordinária do Rio de Janeiro*)等。此外,在巴西东北部的巴伊亚(Bahia)州,也先后出现了一些报纸。

第二阶段开始于 1820 年。当时葡萄牙发生了自由党人革命,即资产阶级革命。这一事件对巴西的媒体发展产生了深远的影响。在巴西的一些州,除了里约热内卢,米纳斯吉纳斯(Minas Gerais)和马拉尼昂(Maranhão)也开始出现了大量的印刷厂。随着 1820 年革命产生的影响,巴西的报业也经历了巨变。这一时期的报纸,有的极力维护葡萄牙的统治,有的则强调自由。此外,关于政治的话题开始大量出现。

随着葡萄牙国内政局的变化，维护葡萄牙统治的声音慢慢变味，不再一味维护旧的统治秩序，越来越多的报纸开始支持自由主义的思想，同时更加强调巴西自身的权益。这对巴西之后的独立也起到了一定的舆论推动作用。

# 第三章 葡萄牙"观点纸"的出现

CHAPTER 3

1820年爆发在波尔图的资产阶级革命改变了葡萄牙,给报刊发展带来新契机,随之诞生了第一部有关新闻自由的法律。但是政局的不稳使葡萄牙的报业发展在自由和压制中缓慢前行,在自由党人和米格尔派人的斗争夹缝中生存和发展。

## 一、第一段自由主义时期

### 1. 报刊发展情况概览

1820年爆发在波尔图的资产阶级革命（又称自由党人革命、立宪主义者革命）对葡萄牙的媒体产生了深远的影响。革命以后，葡萄牙国王若昂六世接受了自由党人制定的第一部宪法，葡萄牙实行了新政体——君主立宪制。这一时期，葡萄牙报刊再一次快速发展，尤其是自由主义的报纸。有趣的是，这些报纸很多使用"朋友"这个词作为名称，例如《人民的朋友和自由的哨兵》（*O Amigo do Povo e Sentinela de Liberdade*）（1820年创刊），《人民的朋友》（*O Amigo do Povo*）（1823年创刊），《国王和国家的朋友》（*O Amigo do Rei e da Nação*）（1821创刊）等。在自由主义报刊发展呈井喷之势时，反对自由主义的报纸也在继续为传统的政治秩序呐喊。还有一些人创办报纸纯粹是出于个人考虑。这些报纸的主人希望通过控制社会的舆论，来达到自己的某种目的。为了吸引民众的目光，他们的报纸经常会捕风捉影，甚至人身攻击。也正因如此，报纸的质量和品位在不断下降。

此外，一些经济类的报纸也在此期间发展起来，包括《即时牌价》（*Preços Correntes*）、《市场报》（*Folheta Mercantil*）、《波尔图市市场期刊》（*Periódico Mercantil da Cidade do Porto*）等。

无论是哪种倾向的报纸，葡萄牙报业蓬勃发展已经成为不争的事实。从1820年8月24日，自由党人宣布革命开始，到1823年5月，弗兰卡镇军队叛变，葡萄牙恢复君主专制，宪法被废除，葡萄牙境内总共发行了112种报纸，其中1820年25种，1821年28种，1822年33种，1823年26种。

**2. 葡萄牙第一部有关媒体自由的法律诞生**

1751年由弗朗西斯科·沙威尔·德·奥利维拉（Francisco Xavier de Oliveira）发布的《定期娱乐》（*Amusement Périodique*）提到了媒体自由这个问题，这也是葡萄牙新闻传播史上第一次提到新闻自由的概念。然而，那个时期，葡萄牙的报业并不发达，政府的管控相对容易，报社对于自由的意识也不高。

资产阶级革命以后，这个问题再一次被提及，这一次的情形跟18世纪完全不同。大量出现的报纸给自由主义思想的传播和政治辩论提供了广泛的平台。为了能够更加通畅地传播思想和进行政治辩论，媒体需要更多的自由。媒体自由成了朝廷辩论的热点话题。

1820年2月5日的朝廷会议上，议员弗朗西斯科·苏亚雷斯·弗兰克（Francisco Soares Franco）提交了一份有关媒体自由的议案，而这份议案大部分摘自西班牙的新闻法律，他表示："媒体自由不仅是人类最基本的权利，也是维护宪法的表现。"这份提案规定："所有的葡萄牙人都有权发表自己的观点，无须经过预先的审查。"并且建议成立一个"媒体自由保护局"。3天后，一个由本托·佩雷拉（Bento Pereira）、若泽·若阿金·费雷拉（José Joaquim Ferreira）、曼努埃尔·波尔吉斯·卡内罗（Manuel Borges Carneiro）、若泽·玛丽亚·苏亚雷斯（José Maria Soares）和曼努埃尔·费尔南德斯·托马斯（Manuel Fernandes Tomás）组成的委员会向朝廷提交了《葡萄牙宪法草案》，其中第8、9、10条提到了新闻自由。

在之后进行的朝廷会议中，针对新闻自由的辩论一直没有停息，于是朝廷决定进行投票。投票针对两个问题：关于非宗教的内容，是否应当采取预先审查（8票同意，70票反对，该方案问题被否决）；有关教义或者道德的内容是否需要预先审查（32票同意，46票反对，该方案同样被否决）。

2月16日举行的朝廷会议决定，在宪法中写入这样的规定，成立一个专门的法庭，用来保护新闻自由，禁止相关的违法行为。法庭的形式和权限由《宪法》来规定。至此，有关新闻自由的条款获得通过。但是，当《宪法》正式实施的时候，它的第8、9、10和11条，即关于新闻自由的条款却没有立即生效，因为当时没有对应的有关新闻自由的法律，还需要制定相关法律来配合这些条款的实施。

这一个事实引起了议员的不满。1821年4月27日举行的朝廷会议上，曼努埃尔·费尔南德斯·托马斯表示，葡萄牙的新闻自由并没有得到实施，希望能够尽快出台相关法律。与此同时，针对新闻自由的争论仍然没有停息。直到1821年7月12日，在经历了拉锯战后，国王若昂六世终于签署了《7月4日朝廷政令》，通过了《新闻自由法》(Lei sobre Liberdade de Imprensa)，确立了《宪法草案》中第8、9、10和11条有关新闻自由的原则："自本政令颁布之日起，所有的葡萄牙人在葡萄牙国内印刷、出版、购买或者出售任何书籍或者书面材料，都无须经过预先审查。"这部《新闻自由法》成为葡萄牙历史上第一部有关新闻自由的法律，为此，政府还成立了新闻自由特别法庭(Tribunal Especial de Proteção da Liberdade de Imprensa)。

### 3. 政治冲突中的葡萄牙报业

在葡萄牙资产阶级革命后，特别是1821年初，国人对于新政体十分支持，对于《宪法》的必要性也十分认可。这一期间出版的第一份报纸是《国家日报》(Diário Nacional)（1820年8月26日—9月5日）。作为当时临时最高政府委员会的官方报纸，《国家日报》主要发布自由党政府的信息，以及一些时事报道。而里斯本的自由党人当年9月15日宣布革命，之后他们创立的第一份报纸叫作《政府日报》(Diário do Governo)，9月16日创刊，1823年6月4日君主专制复辟后，报纸终刊。

总体看来，1820年一共创立了24种维护自由主义政权的报纸，但是，它们大多都很短命，最多的也不过出了10期。除了之前提及的《政府日报》，相对有影响的报纸还有《卢济塔尼亚人的呐喊》(O Pregoeiro Lusitano)（1820年9月20日—1821年4月17日）、《宪制葡萄牙人》(O Português Constitucional)（1820年9月22日—1821年7月27日）等。这些报纸歌颂宪法带来的自由、繁荣和人人平等，其间还出现了一份女权主义的报纸——《女性公报》(Gazeta das Damas)。

## 第三章 葡萄牙"观点纸"的出现

1821年，葡萄牙一共创立了19种拥护新政体的报纸，其中最有影响力的报纸是《新宪制葡萄牙人》（*O Português Constitucional Regenerado*）。该报是《宪制葡萄牙人》的延续。还有一份比较有名的报纸是《里斯本冠军报》（*Campeão Lisbonense*）。这份报纸对于自由的追求有些极端，以至于此后被政府关停，主编安东尼奥·若阿金·内里（António Joaquim Nery）被驱逐出境。

1821年对于葡萄牙来说是转折性的一年。经过自由党人革命，人们对于国家的前景十分期待，希望迎来一个新的开始。然而，葡萄牙人期盼的美好未来总是迟迟未到。大家甚至认为，如今的情形与革命前并无太大变化。官员们还是享受着各种特权，而一般的民众却没有享受到太多的权益。改革的迟缓为葡萄牙民众所诟病，革命前的各种弊端还未能被彻底剔除，因为所有的改革都还需要得到朝廷的批准。当时有报纸提出："所有人都在说改革，但所有人都不愿被改革。"

与此同时，新闻管制仍然没有完全废除，甚至秉承自由主义的当局，对于专制主义的报纸，或者说拥护旧制度的报纸表现得更加宽松和容忍，以至于引起了自由主义报纸的强烈不满和抗议。而拥护旧制度的报纸正是利用了当局的软弱，对自由主义当局的领导人进行攻击和造谣。由此看来，这一时期的报纸反自由主义的表现反而有所抬头。

1821年初，民众对于改革的迟缓、自由主义政权的软弱越发不满，并由此引发了大规模的抗议。反观反自由主义的潮流，却在《葡萄牙宪法草案》生效后，肆无忌惮地发展壮大。在里斯本和波尔图，还发生了恐怖主义袭击，一些人在大楼里放火，有些甚至发生在一些政府部门的办公大楼。全国上下，盗窃、抢劫事件层出不穷。反自由主义的势力通过制造混乱，力图证明自由主义政局的不稳。面对这样的情形，一些曾经拥护自由主义的报纸开始倒戈，纷纷抨击当时的政局，包括最早诞生的三种拥护自由主义的报纸：《爱国者报》（*O Patriota*）、《波尔图邮报》（*Correio do Porto*）和《人民的朋友和自由的哨兵》。

除了那些反自由主义的报纸，一些未倒戈的自由主义报纸也开始抨击当局的治理以及改革的迟缓。以至于到了1823年，当局开始采取压制措施，控

佩德罗一世

制舆论。

这种政治立场上的变化和对立导致了自由主义在葡萄牙影响力被削减。在1822年和1823年间，由于自由主义报纸阵营分裂，其社会和政治基础不断被削弱，反自由主义的报纸趁势不断壮大，对葡萄牙的第一部《宪法》大肆攻击。以《爱国者报》为例，从1821年9月开始，该报就开始不断地诽谤自由主义政权的领导人，同时通过危言耸听的新闻在社会上制造恐慌的情绪。针对这样的局势，自由主义者并没有放弃抗争。在这两年间，葡萄牙共新出版28种支持宪制的报纸。其中最有影响力的报纸是《波尔图分析者报》（*O Analista Portuense*）。

而就在葡萄牙国内对于自由主义争论不休的时候，1822年9月7日，巴西宣布完全脱离葡萄牙而独立，成立了巴西帝国，年仅24岁的佩德罗一世（D. Pedro I）成为巴西皇帝。反自由主义的报纸把巴西独立归咎到自由主义政权，它们表示，如果保持君主专治，巴西独立绝不可能发生。甚至在1822年，里斯本诞生了一份专门拥护这种观点的报纸——《在葡萄牙的巴西人》（*Brasileiro em Portugal*）。与此同时，我们还要注意另一份刊物——《在科因布拉的巴西人》（*Brasileiro em Coimbra*）。这份刊物由巴西学者甘地多·拉迪斯劳·德·菲格雷多（Candido Ladislau de Figueiredo）创办，是第一份在葡萄牙公开支持巴西独立的刊物，不过仅出版了一期。

### 4. 媒体压制政策

尽管宪法提出了媒体自由的原则，并且出台了相关的法律，但是自由党革命后的政权依然没有完全放弃对新闻的预审制度,尤其是在国家政局不稳的情况下。早在《宪法草案》提出以前,1820年9月21日,里斯本临时政府就发布了一条法令,规范了新闻预审制度,提出新闻自由需要尊重宗教、国王、王室、未来的《宪法》、良好的习俗以及国外的民族。为了实行这条法令,临时政府还特别成立了一个审查委员会。

这个委员会成立的目的是制裁和处罚那些攻击政府、领导,或者散发"神圣同盟"(Santa Aliança)①军事介入消息的报刊。总而言之,新闻自由不能被滥用。由于缺乏人力,这个委员会的运行并不顺利。而里斯本的临时政府也意识到,如果没有强有力的措施,就无法控制那些地下的刊物或者传单。于是在11月11日,临时政府颁布条例,规定任何出版物,特别是报纸,在没有经过预审的情况下,不得发行。可是,依然有很多出版物绕过了审查,进入社会。由此可见,当时葡萄牙的新闻自由不是来自政治意志,而是因为监管部门的手段和人力不足。

到了1822年,自由党政权意识到,在禁止滥用新闻自由的相关法律条文中,规定的违法行为及其惩罚措施太宽泛,太模糊,于是在1月29日和10月17日颁布了两条法令,分别规定,出版物触犯法律的时候,首先追究作者的责任,如果找不到作者,那么出版商和印刷商将会受到处罚。此外,任何人在国外用葡萄牙语发行攻击政府的刊物,都将受到惩罚。1822年12月2日,国家司法秘书给朝廷上书表示,当时社会和政局不稳的主因是滥用新闻自由,要求政府采取更加严厉的措施。

这里我们要着重提到1820年10月30日诞生的《卢济塔尼亚星报》(o Astro da Lusitania)。《卢济塔尼亚星报》宣传的思想比较激进,由于拥有广大的读者群,它的影响力巨大,有时候甚至会对政府的施政产生影响。正因如此,政府意识到它的威胁,于1823年关停了该报。这一事件当时在社会上引起了

---

① "神圣同盟"创立于1815年9月,由俄罗斯帝国、奥地利帝国和普鲁士帝国国王联合创立,目的是维护君主政体,反对法国大革命在欧洲所传播的革命理想

大量读者的不满。

1823年初,面对政局不稳与北方君主制复辟苗头的压力,自由党政权开始对专制主义报纸进行强力的打压。各种保王党的报纸纷纷被关停,编辑有的被抓,有的被驱逐出里斯本。

## 二、君主专制复辟时期的新闻状况

1823年5月27日到6月3日,葡萄牙国王若昂六世的儿子米格尔(D. Miguel)在弗兰卡镇(Vila Franca)发动了军事政变,史称"维拉弗兰卡达政变"(Golpe de Estado da Vilafrancada)。葡萄牙资产阶级革命的第一次尝试宣告失败。《宪法》所规定的自由和权利在这一刻被全盘否定,而对于新闻媒体来说,等待它们的将是新闻管制的回归。根据1823年6月12日颁布的政令,所有的新闻出版物,不仅报纸,所有的通报、声明和活页也都必须受制于新闻管制。

维拉弗兰卡达政变(来源:葡萄牙国家图书馆)

为了实行新闻管制，复辟后的政府还在里斯本成立了一个委员会，并且在有印刷厂的城市，设立相关的审查机构。6月24日，复辟政府的司法部命令警察总长立即责成里斯本所有的报社遵守6月12日颁布的政令。此外，司法部还要求波尔图和吉马良斯两个地方成立地方新闻审查委员会。

新政府希望压制反对者的声音，但是他们采取的措施却显得有些暧昧，在复辟后的一年里，对于压制自由主义的声音，政府显得犹豫不决，究其原因是政府中的保守自由派对政府的决策产生了一定影响。直到1824年3月6日，政府发布了又一条政令，彻底废除了此前的《新闻自由法》，恢复了宫廷审判团的新闻审查职能。新闻管制的重要机关——警察总署自从1823年6月4日脱离司法部后，具备了与地方政府直接接触的权力，因此他们收集资料更加方便，同时能够直接对地方下指示。在"维拉弗兰卡达政变"之后，警察总署下令禁止所有自由主义报纸的发行。

对于米格尔的政府来说，除了政策上的变更，在行动上需要对自由主义报纸进行更加严密的监视。《葡萄牙冠军报》的总编利贝拉多被驱逐出里斯本，之后被软禁。《卢济塔尼亚星报》的总编若阿金·玛丽亚同样被严密监视。其他自由主义报纸的总编也遭到了类似的对待。在自由主义报纸被全面镇压后，《里斯本公报》的地位再一次显现出来。

面对越来越猛烈的迫害和镇压，一些自由主义报纸要么被当局关停，要么自己主动停刊。这一段时间里，葡萄牙报纸的发展出现了一个明显断档期。从1823年5月"维拉弗兰卡达政变"到1826年3月10日若昂六世去世，整个葡萄牙仅仅有23份新报纸创立，其中17份在里斯本，5份在波尔图，1份在科因布拉。在马德拉群岛的首府丰沙尔，秉承专制主义的周报，《真理、公正和法律的无私牧师》（*Pregador Imparcial da Verdade, da Justiça e da Lei*）于1823年2月17日创刊，后来被自由主义政权关停，"维拉弗兰卡达政变"后，该报复刊。在澳门，1822年9月12日，《蜜蜂华报》诞生，它既是澳门本土的第一份报纸，也被人们公认为是中国境内出版的第一份近代报纸。该报1823年12月26日停刊，一共出版了67期。《澳门钞报》（*Gazeta de Macau*）

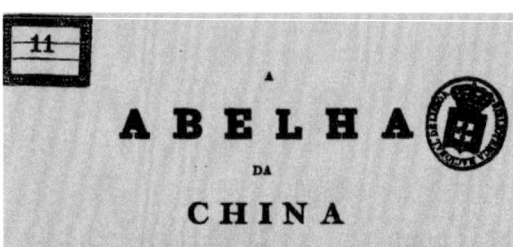

《蜜蜂华报》

于1825年1月1日创刊，这是当地的第二份报纸，之后更名为《澳门编年史报》（*Crónica de Macau*）。1825年，在里约热内卢诞生了一份名为《审查者》（*O Censor*）的专制主义报纸，此报一直主张葡萄牙和巴西帝国应当合并。除了上述报纸，还有流亡海外的自由党人创办的多份报纸。

在此期间，得以继续生存的报纸是那些非政治、非敏感话题的报纸，例如《女性公报》，《优生报》（*Eugénia*），或者纯粹的消息类报纸，例如《波尔图日报》和《里斯本消息报》（*Notícias de Lisboa*）。

对于米格尔政府来说，虽然国内的局势得到控制，但是最大的威胁却来自海外。就在"维拉弗兰卡达政变"发生后，新的警察总长曾经给各省政府发去密电，要求他们采取各种措施来阻止所有在伦敦印刷的报纸进入葡萄牙。此外，来自西班牙巴达霍斯省和其他宪制省的印刷品也被视为威胁。从"维拉弗兰卡达政变"到1826年4月29日佩德罗四世批准《大宪章》期间，在海外发行的葡萄牙语报纸总共有4种，它们全部集中在英国伦敦，分别是《葡萄牙人报》《大众报》《阿马罗神父或者政治、历史和文学之锥》（*Padre Amaro ou Sovela Política, História e Literária*）和《截击邮报》（*Correio Intercetado*）。

虽然报纸被控制，但是这一时期出现了很多"新闻书"和传单，它们被用来宣传自由主义的思想，抨击现政府废除《宪法》的行为。为了遏制这一事态，米格尔政府规定，所有的印刷厂都必须申请执照才能印刷刊物。这一规定还恢复了皇家印书局的种种特权。政府的这一措施让"新闻书"和传单的印刷变得越来越困难。于是一些手写的传单和讽刺诗开始发挥作用。在人群活动集中区域，经常能够看到这些传单和讽刺诗，它们引起了广大民众的共鸣和讨论。尽管政府拥有严密的监察系统，但是很难找出这些传单和讽刺诗的真正作者。所有这些地下刊物和移民刊物，在葡萄牙境内对自由主义的传播起到了积极的作用。

## 三、第二段自由主义时期

1826年3月10日，葡萄牙国王若昂六世去世，其子，身在巴西的佩德罗继位，称"葡萄牙和阿尔加维国王佩德罗四世"①。1826年4月29日，佩德罗四世批准了《大宪章》，取代1822年的《自由宪法》，由此拉开了第二段自由主义时期的大幕。

这一时期，自由主义返场，但是专制主义依然在政坛上活跃。而这部《大宪章》成了平衡两种政治势力的平台。虽然佩德罗四世颁布的《大宪章》仍有新闻自由的内容，但是由于专制主义的势力在葡萄牙还处于主导地位，因此新闻管制还在继续。

当时新闻界争论最多的是佩德罗四世是否有资格继承若昂六世，成为葡萄牙的国王，因为彼时，佩德罗四世仍然是巴西的皇帝。"现实主义派"的人士认为，既然巴西已经是一个独立的国家，并且葡萄牙在1825年承认了它的独立，那么，作为巴西皇帝的佩德罗四世不能成为另一个独立国家的君主。迫于各方的压力，佩德罗四世把王位传给了年仅7岁的女儿玛丽亚·达·格洛丽亚（Maria da Glória），史称"玛丽亚二世"，任命其弟米格尔（Miguel）为

---

① 由于同时又是巴西的首任皇帝，所以又称"佩德罗一世"。

摄政王。

这一时期，自由主义报纸的日子并不好过。虽然它们在慢慢恢复当中，但是针对它们的新闻审查仍然没有放松。在这种情况下，自由主义者迫切希望《大宪章》里规定的新闻自由能够尽早实现。1827年，一些议员提出了新闻自由的议案，但是直到1828年，这一问题才得以在众议院进行辩论。然而，保守势力的反对让这些提案搁置在了参议院，一直到米格尔自称葡萄牙国王，君主立宪制再一次失败而不了了之。

为了限制自由主义报刊，葡萄牙政府计划对报刊征税。这一提议在众议院引起了激烈的争论。一些自由主义派的议员表示，应当意识到媒体在维护国家稳定中起到的作用。经过一番辩论，政府征税的提案最终被众议院否定。

在第二段自由主义时期，《大宪章》里的新闻自由并没有实现，而新闻审查制度也延续了下来。葡萄牙政府希望加强新闻管制，但是审查委员会却面临着人员缺少的问题，迟迟无法成立。于是政府1826年8月31日发布通告，要求宫廷审判团任命12名审查官对所有的出版物进行审查，尤其是报纸和传单。新成立的新闻审查委员会人员进进出出，工作十分混乱，以至于连政府和审判团都不知道审查官哪位仍然在职，哪位已经离职。1826年，继续留在委员会工作的审查官警告摄政亲王（玛丽亚二世），该委员会可能会停止运行。因为他们无法控制新报纸的诞生，无法执行朝廷对于新闻管制的要求。针对那些无法招募新成员顶替老成员的省份，该委员会甚至直接关闭当地的印刷厂，防止新报纸的创立。

为了让新闻审查委员会能够继续运转，政府采取了一些措施。对于新发行的报纸，一般需要三个审查官的签字才能通过。可是，在当时的委员会，经常上班的只有两个人，所以这一规定变成了只要他们当中的一个人签字，便可以批准新报纸的发行。政府采取的另一个措施是轮班制，审查官被分为两个班次工作，但是这一措施由于在职审查官的缺乏而最终流产。此外，很多待审查的材料字迹混乱，难以辨认，让委员会和政府头疼不已。于是1827年7月27日，里斯本的委员会宣布，除了报纸，停止其他一切刊物的审查工作。

这一时期，由于缺少审查官，一些非政治类的报刊在没有审查的情况下得以发行。而针对政治类的报纸，开始出现了个体审查官。因此，很多报纸都希望能够获得一名个体审查官，以方便自己的运营。有时候，甚至报纸自己的主编或者编辑直接向宫廷审判团申请担任个体审查官，并且得到了后者的默许。而在另一大城市波尔图，审查委员会的工作同样遇到了困难。由于缺乏人员，委员会的审查官每三周才能聚齐一次，所以在波尔图不可能发行日报。新闻审查制度的混乱让新闻从业者也无所适从。有时候他们拿着稿子去找某位审查官，后者却说："我已经不干了。"

在《大宪章》实行后的几个月里，新闻审查工作总是会遇到一些问题。例如政府要求审查委员会禁止一切关于政府工作的内容，但是审查委员会却认为，根据1826年8月18日政府发布的指示，针对公务员的批评是可以发布的。从这一现象我们可以看出，当时的形势还是稍微倾向于自由主义派。

进入第二段自由主义时期后，自由主义和专制主义的政治类报刊数量随着时间在不断变化。在葡萄牙大陆（除去亚速尔群岛、马德拉群岛和海外殖民地），1826年，也就是佩德罗颁布《大宪章》的这一年，共发行了38种自由主义的报纸，12种专制主义的报纸；1827年，自由主义报纸9种，专制主义报纸7种；1828年，自由主义报纸5种，专制主义报纸6种。从两类报纸的数量对比，我们可以清楚地看到这段时间葡萄牙的政治倾向。

1826年发行的报纸，无论是覆盖范围还是影响力都不是很大，因为它们当中的大部分都很"短命"，一般出4~7期就会停刊。在这一时期寿命比较长的报纸有《海外客轮》（*Paquete Estrangeiro*），三周刊，共出版了77期；《公正》（*Imparcial*），出版了59期。《滥用监察》（*O Fiscal do Abuso*），三周刊，41期。1827年的情况一样，寿命最长的报纸是《科因布拉新闻播报员》（*Noticiador Conimbricense*），出版了40期。1828年寿命最长的报纸是《卢济塔尼亚之星》（*Estrela Lusitana*）。在马德拉群岛，跟第一段自由主义时期一样，这里的报纸也得到了一定的发展，比如在此期间创刊的《自由丰沙尔人》（*O Funchalense Liberal*），出版了17期。

就影响力而言，在这一时期比较重要的自由主义报纸有《蝴蝶报》（*Borboleta*）（1826年7月16日—1828年2月14日）、《穷人日报》（*Diário dos Pobres*）（1826年9月30日—1848年3月31日）、《葡萄牙人，政治、文学和商业日报》（*O Português, Diário Político, Literário e Comercial*）（1826年10月30日—1827年9月17日），比较重要的专制主义报纸有《若泽·阿古斯蒂尼奥·德·马塞多写给朋友若阿金·若泽·佩德罗·洛佩斯的信件》（*Cartas de J.A.M a Seu Amigo J.J.P.L*）（1827年5月—1827年9月13日）、《给贫穷者的报纸：文学、政治和商业日报》（*Periódico para os Pobres: Diário Literário, Político e Comercial*）（1827年7月7日—1832年5月8日）、《波尔图邮报》（1820年9月27日—1828年5月17日）、《卢斯塔尼亚之星》（1828年1月5日—1828年8月21日）等。

两种政治倾向的报纸都希望能获得更多的读者，产生更大的影响力，但是报纸的价格成为障碍，因为当时的报纸每份价格在40~60里斯①，价格的高低根据报纸的页数来决定。自由主义的报纸最先打破了这个壁垒，它们推出了廉价报纸——《穷人报》（*Periódico dos Pobres*），从第11期开始成为日报，每期四页。此后，葡萄牙出现了一系列的廉价报纸，包括《失宠的立宪制公民》（*O Cidadão Constitucional Desvalido*）。这些报纸让底层人民有机会阅读报纸，也正因为如此，人们开始对日报的需求越来越大。

总的来看，从1827年下半年开始，专制主义的报纸开始慢慢占上风，自由主义报纸逐渐衰落。随着米格尔上台，葡萄牙的政体再次回到君主专制。自由主义的报纸受到十分严厉的处罚，很多报纸遭到查封，一些办报人被投进监狱或者流放。严峻的形势让自由主义报纸的发展遭受重大打击。而幸存的报纸也变得十分谨慎，不再发表维护《大宪章》的文章，对于政府的批评也是少之又少，即使批评，其用词也会十分温和。

---

① 葡萄牙旧货币，当时一克黄金大约值1000里斯

## 四、米格尔政权和葡萄牙内战时期

正如前文所述,到1827年下半年,尽管葡萄牙还是君主立宪制,但是自由主义的影响力已经在衰退,这种对比在佩德罗任命米格尔为摄政王之后更加明显。葡萄牙正在从一个君主立宪制国家回到君主专制国家。这个过程开始于1828年3月,当时议会被解散,随后米格尔被推举为专制国王。本章节选取的时间段从米格尔上台到内战失败投降。

**1. 米格尔政权时期葡萄牙大陆的媒体状况**

在米格尔执政期间,葡萄牙大陆总共发行了42种报纸,其中33种是政治性报纸(都是专制主义),其他9种是文学类、科学类和经济类。

在葡萄牙大陆以外的领地,丰沙尔发行了报纸《现实主义者》(*O Realista*),这也是马德拉群岛在米格尔执政时期的唯一一份报纸。印度孟买发行了《孟买信使:葡萄牙周报》(*O Bombaiense: Periódico Português Semanal*)。

在米格尔宣布掌权后的第六天,即1828年6月30日,葡萄牙媒体界发起了一场保卫米格尔派运动。到1828年末,共发行了7种报纸,而第二年,总共只有两种报纸发行。1830和1831年,各有8种。而到了1832年,由于自由党军队对米格尔政权发起进攻,专制政权几近倒台,报纸数量下降到4种,到了1834年,仅剩下了1种。

我们现在来介绍一下这些报纸中比较有影响力的几份。首先是《脱皮的野兽》(*A Besta Esfolada*)。这是米格尔派报纸中较为激烈的报刊之一。报纸名称中的"野兽"指的是自由主义派。这份报纸在当时相当成功,以至于该报一期发行过三个不同的版本。《波尔图现实主义者》(*O Realista Portuense*)于1828年9月2日创刊,在波尔图地区具有一定的影响力。据史料记载,该报此后搬到了里斯本,改名《独立现实主义者》(*O Realista Independente*)。其他一些具有影响力的报纸还有《反击质疑的宗教之声》(*A Voz da Religião Contra a Incredulidade*)(1829年5月29日—1829年11月5日)、《耶稣会士守卫者》(*O Defensor dos Jesuítas*)(1829年9月4日—1833年6月)等。除了报纸，在葡萄牙大城市，还有一些反对自由主义革命的小宣传册、活页等。

米格尔派一直希望扩大他们在全国的影响，无论是城市还是农村。而他们使用的最有力的武器就是官方公报。因为即使是在农村地区，也经常会有人大声地把官方公报内容读给民众听，这其中包括文盲，而这一方法在农村地区起到了很好的传播效果。

米格尔派将自由主义派、共济会和异教徒看作王权和神权的破坏者、血腥的法国革命的追随者。为了打击他们，米格尔派人使用口号和言语进行攻击，并且要求对他们进行精神和肉体上的惩罚。尽管米格尔派的报纸显得有些激进，但是它们从未被认为是在破坏社会秩序，反而得到了官方的支持。当佩德罗动身返回葡萄牙，尤其是当他即将抵达波尔图的时候，米格尔派的宣传近乎疯狂，在攻击自由党人的用词上也显得更加肆无忌惮。

1829年，葡萄牙内战终于爆发。在法国爆发"七月革命"后，葡萄牙自由主义者受到全面鼓舞。而支持自由主义的佩德罗从巴西返回葡萄牙，力图从弟弟手中夺回葡萄牙的统治权。随着内战的深入，尤其是在后期，专制主义的媒体自然遭到了很大的打击，每况愈下。随着此消彼长的态势，自由主义的报纸开始在葡萄牙抬头。一些专制主义的报纸被逼搬离原先的城市，例如《波尔图邮报》就被逼离开波尔图，去了科因布拉，而这份报纸也被认为是最后一份米格尔派的官方报纸。

我们在关注政治类报纸的同时，不应该忽略同时存在的其他类别的报纸，尤其是商业类报纸。在此时期，人们依然很关注商业信息，尤其是在一些大型的港口城市，比如里斯本和波尔图。这一时期出现的第一份商业报纸是双周刊《波尔图商业报》(*Folha Comercial do Porto*)（1828年7月1日—1836年8月12日）。报纸主编是贝尔纳多·若泽·阿拉维斯（Bernardo José Alves）。《里斯本商业报》(*Folha Comercial de Lisboa*)和《波尔图市市场报》(*Folha Mercantil da Cidade do Porto*)也是当时比较重要的商业报纸。除此之外，还有一些文学类、科学类的报纸在葡萄牙发行。

## 2. 葡萄牙移民在伦敦和巴黎创办自由主义报纸

第二段自由主义时期,《大宪章》还在实行期间,此前移民英国,定居在伦敦的一些葡萄牙人认为,他们可以通过报纸,在英国为葡萄牙的君主立宪制度贡献力量。为此,他们当中的一些人在伦敦开始创办报纸。

第一份报纸叫《致阿马罗牧师的附录:政治、历史和文学报》(*O Apêndice ao Padre Amaro: Jornal Político, Histórico e Literário*),诞生于1826年6月,一共出版过17期。1828年,一些加利西亚(Galiza)和葡萄牙的移民来到英国,聚集在普利茅斯,在英国掀起了自由主义新闻运动。但是葡萄牙移民的政治宣传主要还是集中在伦敦。在法国巴黎,葡萄牙移民在这一时期共创办了4种报纸,其中两种是百科全书类,两种是政治类。

## 3. 内战时期亚速尔群岛上的媒体发展状况

在英国集结后,一些葡萄牙的自由主义移民已经不满足于国外,他们开始向葡萄牙本土的亚速尔进发,因为他们知道速尔群岛中的特塞拉岛(Ilha Terceira)已经爆发了反米格尔的军事运动,并且于1828年10月5日在安格拉(Angra)成立了护宪临时军政府(Junta Provisória de Governo defensora da Carta Constitucional)。同月28日,政府决定将安格拉市定为首都。1829年6月15日,一群来自英国的葡萄牙志愿军抵达安格拉。而佩德罗从巴西回来之后,力图寻求英国和法国的帮助,以对抗米格尔。他命令在安格拉成立摄政统治区,以管理葡萄牙本土和所有海外的领地。1830年3月时任驻英国大使帕尔梅拉和若泽·安东尼奥·格列罗(José António Guerreiro)抵达安格拉,进入摄政统治区进行工作。

为了能够组织好现有的军事力量,临时军政府成立后,《每日命令》(*Ordem do Dia*)创刊,一直到米格尔投降才停刊。在摄政统治区成立之前,临时军政府已经意识到了新闻出版物的重要性,于是在1829年5月6日,开办了《官方消息报》(*Notícias Oficiais*),创办人是西芒·若泽·达·鲁斯·索里亚诺(Simão José da Luz Soriano)和路易斯·达·席尔瓦·莫奇尼奥(Luís da Silva Mouzinho)。

在帕尔梅拉和格列罗来到摄政统治区后，创办了周报《特塞拉记录》（Crónica da Terceira），该报对于自由主义事业起到了重要的作用。该报创刊于1830年4月17日。最后一期，即第44期，于1831年3月27日出版。报纸主要面向在亚速尔群岛上集结的葡萄牙人，向他们通报摄政统治区和其他地区政权的行动、国外支持葡萄牙自由主义事业的活动以及一些理论性的文件。

而摄政统治区也创办了自己的官方报纸——《记录：特塞拉周刊》（Crónica: Semanário da Terceira）（1831年4月3日—1832年5月29日）。从第39期开始，报纸更名为《亚速尔周报》（Semanário dos Açores），是著名的《波尔图宪制记录》（Crónica Constitucional do Porto）的前身。周报主要公布自由党军队在葡萄牙本土取得的胜利，宣传自由主义的立法思想。除了以上报纸，我们还要着重提到《安格拉宪制记录》（Crónica Constitucional de Angra）（1834年1月5日—1835年6月11日）。该报主要发布葡萄牙大陆的军事和政治消息，着重介绍《埃武拉山公约》（Convenção de évora Monte）①的内容。

**4. 米格尔政府倒台前葡萄牙大陆自由主义报纸的发展**

1832年7月9日，佩德罗率领的军队登陆波尔图后，除了建立行政政权，还有两个问题让他们十分重视，一个是军队的组织，一个是政治宣传，尤其是向葡萄牙民众宣传从特塞拉摄政统治区建立开始以来所进行的革命活动带来的好处。

针对第一个问题，佩德罗的政府创立了《自由军行动官方消息报》（Notícia Oficial das Operações do Exército Libertador）（1832年7月10日—1833年9月8日）、《每日命令》（临时军政府《每日命令》的延续，1832年7月11日创刊）、《武装命令》（Ordens da Armadas）（1832—1833）等。

而针对政治宣传，佩德罗以女儿玛丽亚二世的名义向全国公告，要解

---

① 葡萄牙内战结束标志

放被压制的人民，恢复其女儿的王权和君主立宪制。此后，在自由党控制的葡萄牙领土创办了一系列的"记录"类型的报纸，其中第一份叫《波尔图宪制记录》（1832年7月11日—1833年12月31日），该报是自由主义政权的官方报纸。这是一份政治影响力非常大的报纸。除了发布自由主义政权的消息，它还向民众宣传如何采取革命手段来争取权益。自由主义甚至认为，媒体政治宣传的力量有时候要比武装力量还要有效。

在葡萄牙南部的阿尔加维，自由党人同样成立了自己的政权。

《波尔图宪制记录》（来源：波尔图市博物馆）

1833年7月15日，自由主义人士在法罗市创办了官方报纸《阿尔加维记录》（Crónica do Algarve）。该报极力维护玛丽亚二世王位的合法性，并且发布有关自由党军队行动的新闻。

1833年7月24日，自由党军队打败米格尔军队，占领里斯本，第二天便创办了官方报纸——《里斯本宪制记录》（Crónica Constitucional de Lisboa）（1833年7月25日—1834年6月30日）。报纸发布的内容主要包括国内外重大事件和商业信息。从1834年7月1日开始，报纸更名为《政府官方公报》（Gazeta Oficial do Governo），1835年初，报纸又更名为《政府日报》。此外，《再生极光》（Aurora Regenerada）和《仅半页纸》（Meia Folha Só）影响也较大。《波尔图宪制记录》1834年1月7日更名《波尔图市宪制记录》（Crónica Constitucional da Cidade do Porto）继续发行。1835年1月19日再次更名为《波尔图日报》，1835年7月11日终刊。

《里斯本宪制记录》

1833年9月，葡萄牙的媒体首次出现了自由党人之间的冲突。在里斯本诞生了第一份反对佩德罗的自由主义左派报纸——《副本》（Cópia）。此后在葡萄牙又创办了一些同类型的报纸。其中影响力最大的要属《周刊》（Revista Semanal）（1833年11月3日—1836年11月4日）。该报发布的消息不仅涉及葡萄牙内战，还包括一些自由党之间的争端。此外，里斯本的《穷人报》发行量也很大，它的低廉价格和纯新闻内容吸引了大批的读者。

# 第四章 时代更迭对葡萄牙报刊发展的影响
CHAPTER 4

1834年5月26日,内战结束,葡萄牙再次回到君主立宪制。新闻审查制度的放松,使政治类报纸得到了前所未有的发展。从"九月革命"爆发到卡布拉尔政变,再到新的内战,卡布拉尔下台,葡萄牙的政局依旧不稳。葡萄牙报刊的发展也在经历着自由和压制的过山车。这一时期,葡萄牙首次出现了共和主义的报纸。

# 一、第一个现代化阶段

## 1. 媒体自由的艰难前行

1834年5月26日,米格尔签署《埃武拉山公约》,宣布投降,内战就此结束,葡萄牙再次实行君主立宪制。这一次,君主立宪制一直延续到1910年葡萄牙革命,建立共和制之前。其实在此前,葡萄牙的移民当中已经有了一些分歧,一些是针对人,比如对佩德罗本人的意见,另一些针对事,比如有些人认为佩德罗1826年颁布的《大宪章》过于保守是导致政治分歧的源头。不过,这些政治分歧的主要原因还是集中在国王的权限、政府和议会的关系,

《埃武拉山公约》签署地

以及选举的效力等问题。

虽然自由主义政权重新确立，但是佩德罗却没有实施《大宪章》有关新闻自由的内容，此举又引起了很多人的抗议。政府以内战造成局势不稳为由，在1833年11月21日颁布了一条政令，成立了一个由9人组成的审查委员会，对出版物进行审查。但是政府表示，不会成立一个永久性的法庭用于审查新闻，为的是保证新闻自由。新闻审查并没有因为国家的稳定而有所放松。1834年1月7日，政府继续颁布法令，督促审查委员会加大审查的力度，以防止任何冒犯公民权益和阶级利益的内容。

内战结束，《埃武拉山公约》签署，但是自由主义法律却迟迟未能出台。自由党人发现，政府并没有履行改革的承诺，没有追究米格尔党派的责任，甚至有些米格尔时期的官员还安稳地待在原先的职位上。面对这样的情形，自由党人不会再温和地对待一个和过去有着千丝万缕联系的政府，于是他们发起了强烈的抗议。

1833年10月和11月，泰帕伯爵（Conde da Taipa）给佩德罗写了两封公开信，强烈批评政府所作所为，要求佩德罗下令实行新闻自由制度。面对国内的抗议声，佩德罗在1834年12月22日颁布政令，解散了审查委员会。该政令规定，将取消所有的预审措施，但是如果滥用新闻自由，那案件将会交由一个特别的法庭来处理。政令还规定，在滥用新闻自由的案件中，如果找不到作者，那么媒体的总编将承担相应的责任。

**2. 争取权力的政治媒体**

尽管1834年的政令放宽了新闻审查制度，但是这一事实并没有为政治类的报纸提供发展条件。从《埃武拉山公约》签署到当年年末，葡萄牙只发行了5种政治类报纸。除了这5种报纸，还有一份就是前面所提及的《政府官方公报》。这一时期，没有报纸敢公开支持旧政权，但是有一些会提出类似的观点。不难判断，这些观点实际上就是在拥护米格尔和旧制度。10月3日，当参议院和众议院重新开始运转的时候，政治斗争随之展开。在众议院，冲突不断，几乎没有一次会议能风平浪静地进行。而众议院的这种乱象几乎是当时葡萄牙公众舆论一个缩影。鉴于政治的不稳定性,葡萄牙舆论开始呼吁解散众议院,重新选举。这其中,《国家报》(*O Nacional*)(1834年11月3日—1842年12月30日)起到了推波助澜的作用。这份报纸在1825—1850年间是影响力最大,也是寿命最长的日报。该报在第一期就宣布,将完全忠诚于《大宪章》。该报的政论文章分析透彻而犀利,被认为是政治类报纸的典范,所以经常部分或者整篇被别的报纸摘录。但是它的影响力并不局限于政治辩论,在社会舆论方面也具有强大的号召力。比如在1835年4月,该报就曾经发布请愿书签名,希望政府解散,立刻引来民众的支持。

除了《国家报》,我们还应当注意到从1834年葡萄牙内战结束,一些自由主义报刊在政治辩论上起到的重要作用,这其中就有此前提到的《周刊》《穷人报》和《波尔图穷人报》。《周刊》主要是批评政府未能履行改革的承诺,而后两份报纸是纯粹的消息类报纸。

葡萄牙内战的结束对该国新闻媒体的发展产生了巨大的影响,主要体现在以下四点:报纸的发展不仅体现在数量的增加,还体现在分布范围扩大;报纸的种类更加多样化,除了政治类,文学类、商业类的报纸也在不断发展;读者和报纸关系越来越密切,读者的忠诚度在不断增加,这一现象提升了报纸出版的稳定性和存续时间;报纸的技术手段和质量有所提高。此外,国外媒体对于葡萄牙媒体的发展也起到了一定的推动作用。

当新闻审查在1834年底被废除后,葡萄牙的报纸又一次呈现了井喷式的增长。1835年,葡萄牙出现了55种新报纸,1836年有68种,1837年有59种。通过报纸,葡萄牙的政治辩论达到了前所未有的高潮。在调动民意和集中选票方面,报纸所起到的作用比任何其他方式都更为有效。

在新闻自由重新恢复以后,报纸上的政治辩论越来越多。而这种辩论在1835年1月初,两院重新运转后,达到了顶峰。仅仅在这个月,里斯本就有了4种新的政治类报纸,包括《宪制报》(*O Constitucional*)(1835年1月2日—1835年2月28日)、《独立报》(*O Independente*)(1835年1月3日—1835年3月7日)、《指引者》(*O Indicador*)(1835年1月3日—1835年2月17日)

和《波尔图日报》（1835年1月19日—1835年7月11日）。虽然这些报纸都表示忠于《大宪章》，但是它们还是会不时地对政府的工作提出批评。

1835年开始，越来越多的人要求制定新的宪法来取代《大宪章》，或者至少要对现有的《大宪章》进行大范围的修改。此时，报纸的作用又显现出来，它们推动修宪的思想在人群中传播，促成了"九月革命"的爆发。不过，这些报纸在发挥自身作用的时候并不轻松，因为总会担心来自政府的压迫。这一期间创刊的重要报纸包括《先进的卫士》（A Guarda Avançada）（1835年2月6日—1835年5月29日）、《人民论坛报》（A Tribuna do Povo）（1835年6月22日—1835年8月5日）、《炮手报》（Artilheiro）（1835年8月22日—1837年7月14日）、《葡萄牙公报》（Gazeta de Portugal）（1835年10月21日—1837年2月10日）等。

为了能够吸引更多的读者，一些政治类报纸专门开辟了文学性或者娱乐性的专栏。虽然一部分报纸利用这种方式取得了成功，但也有失败的例子，例如《仁慈的公民》（O Cidadão Filantropo），仅仅出版了8期，便匆匆停刊。

1836年4月10日，葡萄牙政局再次出现波动，两院停转，之后，政府也被解散。这两件事引起了反对党派更加强烈的反应。这一期间，影响力较大的报纸有《国家报》，还有《斗牛士报》（O Toureiro）。同一时期，葡萄牙出现了一个被称为"佩德罗的朋友"的自由主义保守党派，但是他们被民众指为贪污和吞噬国家财富的一群人。《权力滥用反抗者》（Antagonista dos Abusos）（1836年5月24日—1836年6月21日）的诞生就是为了揭露在《大宪章》的庇护下发生的权力滥用问题。当时，报纸对政府的批评十分常见。很少有报纸保持中立的态度，即使有，也吸引不了读者的目光，惨淡经营。只有言辞激烈的报纸才能吸引更多读者。例如科因布拉的《引航者报》（O Piloto）（1836年7月5日—1840年4月26日），它在"九月革命"前一直态度坚决地抨击政府在改革方面的无能、政府的腐败等问题，因此读者甚多。

1836年7月17日，葡萄牙选举开始，随之而来的是更加激烈的政治斗争，一些不稳定的因素甚至导致了冲突。一些报纸开始谴责社会上的冲突事件。而被报纸谴责最为激烈的，是政府在选举前夕对媒体发出的威胁。对政府的批判最为犀利的当属《外地人》(O Provinciano)（1836年8月13日—1837年1月11日），该报曾经刊登了一张清单，列举了选举前夕葡萄牙全国的种种乱象。

从1835年开始，葡萄牙国内对宪制政府的批评越来越多，即使是忠于宪制政府的媒体，也会不留情面地批评。正因如此，越来越难区分拥护和反对《大宪章》的报纸。媒体对政府的普遍批评无形中推动了"九月革命"的爆发。

除了葡萄牙大陆，其他辖区也出现了不同程度的政治辩论。马德拉群岛和亚速尔群岛这一时期的报业都得到了迅速发展。在佩德罗开始讨伐米格尔时，亚速尔群岛大部分报纸都是支持现任政府的，它们跟葡萄牙大陆的报纸没有什么瓜葛，也不参与它们的冲突。然而它们自己之间有时候却会发生激烈的冲突，出于政治原因或是个人原因。

在远东地区，这一时期创办的葡萄牙语报纸有《澳门记录》（1834年10月12日—1837年）、《果阿宪制记录》(Crónica Constitucional de Goa)（1835年6月13日—1837年12月30日）、《达曼的葡萄牙人》(Português em Damão)（1835年7月18日—1835年8月8日）等。

**3. 葡萄牙开始重新认识非洲的殖民地**

在这段时期内，除了国内的政治问题，葡萄牙媒体开始关注海外的殖民地。鉴于已经永久失去了巴西这个重要的资源和商业基地，葡萄牙开始重视非洲的殖民地。当时的人们普遍认为，葡萄牙之所以失去巴西，是因为对巴西还不了解。因此，为了保住非洲的殖民地，葡萄牙应该对它们进行更加深入的了解。1833年，葡萄牙废除了旧的海外委员会（Conselho Ultramarino），将它的职权转交给了国家海军及海外事务局（Secretaria de Estado dos Negócios da Marinha e Ultramar），萨·达·班德拉（Sá da Bandeira）1835年11月6日成为该部门的主管。

萨·达·班德拉对于非洲问题有着全新的视野。他在1836年首先废除了葡萄牙非洲殖民地上的奴隶贩卖，之后为让葡萄牙人重新认识非洲的殖民地，他于 1836 年 3 月创办了《海外与海事备忘录》(*Memorial Ultramarino e Marítimo*)，介绍非洲殖民地国家的风土人情、自然情况、历史、商业情况等。为了能使报纸得到广泛的阅读，国家海军及海外事务局规定，两院所有的成员必须人手一份。此外，该报纸还须分发给各政府部门。

## 二、"九月革命"后的媒体

从自由主义政权重新建立以来，葡萄牙社会对于政府和《大宪章》的质疑和争论就一直没有停止过。一部分人坚决拥护《大宪章》，认为这是自由主义政权的基石，而另一部分人则认为，《大宪章》是当时社会各种乱象、政府贪污腐败的根本原因。最终在 1836 年 9 月 9 日，葡萄牙爆发了"九月革命"，重新恢复了 1822 年的《自由宪法》。

1822 年 9 月 10 日，第一个"九月革命"派政府成立，由萨·达·班德拉主持工作。新政府开始了一系列的改革，力求使国家在各个方面都有所发展。比如在教育和文化方面，新政府开展了大、中、小学的改革，建立了波尔图绘画博物馆，重组了里斯本图书馆。此外，新政府还在经济、工商业等方面进行了改革。除了葡萄牙本土，新政府的改革措施还惠及非洲的殖民地，特别是安哥拉。1836 年 12 月 10 日，新政府颁布政令，禁止非洲奴隶买卖。除此之外，新政府的另一重要举措就是新《行政法典》的发布（1836 年 12 月 31 日）。

可以说，"九月革命"后的第一个政府为葡萄牙在 19 世纪的发展打下了良好的基础，它所采取的措施对葡萄牙当时的社会经济发展起到了积极作用。正是在这样的大好环境中，葡萄牙的报纸也迎来一次飞跃时期，而这一时期的发展是前所未有的。从 1836 年"九月革命"到 1841 年底，葡萄牙大陆总共发行了 200 种报纸，马德拉群岛和亚速尔群岛 7 种，而在亚洲，有 14 种葡萄牙语报纸。细分一下：1836 年的最后四个月，葡萄牙大陆发行了 19 种报纸，安格拉 1 种；1837 年，葡萄牙大陆 57 种，达曼 1 种，果阿 1 种；1838 年，葡萄牙大陆 40 种，丰沙尔 1 种，安格拉 2 种，澳门 3 种，孟买 1 种，果阿 1 种；

1839年，葡萄牙大陆33种，澳门3种，果阿2种；1840年，葡萄牙大陆32种，丰沙尔2种，蓬塔德尔加达①1种；1841年，葡萄牙大陆19种，帕纳吉1种，澳门1种。

从每一年报纸的数量，我们可以看出葡萄牙政治生活的起起伏伏。1837年，"九月革命"派政权进入鼎盛时期，之后便开始衰落。1838年，《宪法》被废除，1842年1月《大宪章》恢复，"九月革命"派退出历史舞台。越是到"九月革命"派政府后期，媒体受到的限制就越多。1840年10月19日，政府颁布政令，规定所有的报纸必须向政府通报其主编和担保人的姓名，担保人成了该时期报纸不可缺少的要素。

**1. 不同类型的报纸在这一时期的发展**

"九月革命"以后，各种政治派系的报纸很容易区分。"九月革命"派报纸认为，《大宪章》是此前葡萄牙社会乱象的根源，而它的局限性造成了政府的腐败。即使是力挺《大宪章》的《引航者报》也表达了同一种观点。而不同的是，"九月革命"派更加强调革命的合法性，其目的不是推翻现有政府。而这一时期，葡萄牙出现了一些党系派别的称呼，例如"九月革命"党、"堂·佩德罗朋友"党等。

（1）保宪派报纸

在葡萄牙大陆，这一时期保宪派报纸要比"九月革命"派的报纸多，仅仅在1836年的最后四个月里，葡萄牙出现了7种新的保宪派报纸，其中包括《堂·佩德罗的朋友》（*O Amigo de Dom Pedro*）（1836年9月24日—1836年12月5日）、《先知报》（*O Profeta*）（1836年11月9日，仅出版一期）、《龙》（*O Dragão*）（1836年11月23日—1836年12月23日）等；1837年，保宪派的报纸有13种，包括《新记者》（*Novo Correspondente*）（1837年1月2日—1837年1月24日）、《判决日》（*O Dia de Juizo*）（1837年1月2日—1837年1月5日）等。1838年，葡萄牙仅出版了1种保宪派报纸，即《指导者》（*O*

---

① 亚速尔群岛行政首府

*Diretor*); 1839年没有创立新的保宪派报纸, 1840年诞生了3种。

这一时期的保宪派报纸主要集中在里斯本, 少量地出现在波尔图和科因布拉。这些报纸一般情况下都很短命, 主要原因是缺乏资金的支持。但是, 这些报纸还是吸引了大量读者, 它们当中的一些在当时社会产生了一定的影响力, 比如《检查者》(*O Examinador*)(1837年2月13日—1837年7月14日)、《里斯本邮报》(*Correio de Lisboa*)(1837年10月23日—1842年1月22日)、《葡萄牙人报》《*O Português*》(1840年1月—1840年7月1日)等。除了这些报纸, 还有一些此前创办, 一直发行到这一时期的报纸, 包括《穷人报》和《炮手报》。

（2）"九月革命"派的报纸

从"九月革命"爆发到1836年底, 葡萄牙出现了4种"九月革命"派报纸: 《彗星报》(*O Cometa*)(1836年10月5日—1836年12月30日)、《真理的号角》(*Tuba da Verdade*)(1836年11月—12月)、《贝伦报》(*Belém*)(1836年11月—1836年12月15日)和《极光报》(*A Aurora*)(1836年—1837年12月14日)。随后的两年, "九月革命"派的发展迎来一个高潮。其中1837年, 葡萄牙新创办了8种"九月革命"派报纸, 1838年出现了6种。此后两年, 随着"九月革命"派的没落, 该派的报纸也开始走下坡路, 1839年只有1种, 1840年为4种。

跟保宪派报纸一样, "九月革命"派的报纸同样集中在里斯本。一些报纸在当时还产生了不小的影响, 比如《人民的代表》(*O Procurador dos Povos*)、《宪制报》以及《九月革命》(*Revolução de Setembro*)。此外, 还有一些延续下来的报纸, 例如《国家报》。

（3）米格尔主义/正统主义报纸

米格尔派的报纸在自由党革命成功以后, 很难在公开场合表达维护米格尔政权的观点。因此, 只有少量的米格尔主义报纸在国外发行, 例如《达曼哨岗的自由哨兵》(*Sentinela da Liberdade na Guarita de Damão*)(达曼, 1837年9月4日—9月16日)、《旧弓报》(*Arco da Velha*)(安格拉, 1838年)和《半岛报》(*A Península*)(伦敦, 1840年4月15日—1840年5月15日)。然而, 《回声: 批判、文学和政治报》(*O Eco: Jornal Crítico, Literário e Político*)(1835

年8月4日—1840年8月13日）是个例外，也是唯一一份创办于自由主义革命前，在革命后能够继续发行的米格尔主义报纸。鉴于自由主义革命的胜利，该报在表达维护米格尔的观点时，往往采取十分模糊的说法。

（4）独立政治报纸

这一时期派别争论激烈，有些争论甚至还夹杂着暴力。这样的形势令公众十分反感，很多读者转而去选择立场中立或无立场的报纸，例如一些文学类、教育类或者娱乐类的报纸。而这一时期的报纸对"九月革命"派政府的批评声也越来越强烈，尤其政府行事越来越保守的风格为人们所诟病。种种问题导致1834年到1836年间葡萄牙发生了多起抗议事件。此时出现了一类左派报纸，它们声称不属于争斗中的任何一派，但是对政府同样会提出一系列的批评。这其中包括《全体职责》（Chega a Todos）和《独立报》。其中《全体职责》宣称自己的报纸不带有任何颜色，但是它却在文章里对政府的腐败、公务员的特权和懒政等问题猛烈抨击。

**2.1840年后政治报纸遭受的迫害**

从1838年开始，随着"九月革命"派政府暴露出种种弊端，社会的不满情绪日渐高涨，"九月革命"的影响力消耗殆尽，以至于到了1840年，"九月革命"派建立的社会秩序几乎荡然无存。政治形势的变化，受影响最大的行业当然包括报业。而1840年也成为葡萄牙报纸发展的一个转折点，从这一年开始，政府采取了大规模的针对媒体的暴力镇压行动。

这一年，葡萄牙总共才创办了8份政治类报纸，除了审批程序有诸多限制，另一个重要原因就是政府对报纸的迫害行动越来越频繁，尤其是针对"九月革命"派的报纸。1840年，密集而又严酷的迫害行动侵袭了里斯本、波尔图和科因布拉的多份报纸，其中包括《人民的代表》《运动员报》（O Atleta）和《引航者报》。

这些暴力行为引发了新闻行业的强烈不满。众议院左派议员，同时也是记者出身的若泽·埃斯特旺（José Estevão）于1840年2月3日向众议院提交了一份媒体从业者的联名信，抗议政府对报业的迫害，对新闻设施的破坏。

此后，政府借口 1840 年 8 月 11 日晚在里斯本发生的动乱，发布了一条法令，禁止所有报纸发行一个月，文学性报纸、《朝廷日报》和《政府日报》除外。一个月后，为了继续该政策，葡萄牙政府又发布了新法令，称对定期发布的刊物要施以严厉的惩罚。10 月 19 日，政府再次发布法令，限制媒体的发展。该法令要求报纸的总编必须拥有 120 万雷斯的存款或者 240 万雷斯的担保，这一次引发了葡萄牙全国的不满和抗议。到了 1841 年，政府对媒体的压制和迫害还在继续。10 月中旬，《国家报》遭受了 4 次审查，《宪制报》3 次，《老葡萄牙报》(Portugal Velho) 两次，《九月革命报》1 次；11 月初，《国家报》和《宪制报》各遭受 6 次，《九月革命报》7 次。

### 3. 葡萄牙出现最初的免费报纸

除了政治报刊，还有一些报刊游离于政治斗争之外，或者持中立态度。它们更多是报道新闻事件，而不太关注政治评论和辩论。葡萄牙最初的免费报纸就诞生在它们中间。其中最为有名的两份免费报纸是《免费：广告报》(O Grátis: Jornal de Anúncio) 和《呐喊报》(O Pregoeiro)。两种报纸都在首都里斯本发行。前者在其 21 年的历史中总共发行了 9086 期，主要发布不动产信息，而报纸的收入也主要来自于读者不动产广告的投放。后者发行年限不到 10 年，其收入同样来自投放不动产广告的读者。除此之外，还有一些小型而"短命"的免费报纸，比如《里斯本免费经纪人》(O Corretor de Lisboa Grátis)、《太阳：广告报》(O Sol: Jornal de Anúncios) 等。

## 三、卡布拉尔时期到"复兴时代"

### 1. 新宪政

1842 年 1 月 27 日，科斯塔·卡布拉尔（Costa Cabral）[①] 发动政变上台，其政府恢复了《大宪章》。这一举措得到了葡萄牙全国的支持，尤其是在波尔图。

---

① 葡萄牙政治家，在政府担任多个要职，"九月革命"的支持者

科斯塔·卡布拉尔

大家普遍认为,新政权能让"九月革命"时期风雨飘摇的葡萄牙政坛得以暂时平息。卡布拉尔意识到,要想使国内的政局稳定,就必须在政治方面达成广泛的共识。于是卡布拉尔1842年2月10日发布政令,承诺召集会议对《大宪章》进行修改,以满足保宪派的民主化诉求,同时安抚"九月革命"派。但是,这一承诺最终未能实现,而是被1842年5月5日的另一条政令废除。该政令规定六月举行大选,而大选的形式还是按照《大宪章》里的规定,采取非直接性选举。

自由党左派对这一决定表现出极大的不满,他们认为,《大宪章》规定的选举方式将助长舞弊行为。他们担心的情况也确确实实发生了。于是,反对卡布拉尔政府的呼声越来越高,报纸也成了这种呼声的最佳载体。葡萄牙出现了一些反卡布拉尔政权的报纸,例如《葡萄牙杂志》(*Revista de Portugal*)、《爱国者》(*O Patriota*)、《联合报》(*A Coalizão*)等。而一些现有的报纸也开始加入反卡布拉尔阵营,包括《国家报》《宪制报》《九月革命报》《老葡萄牙报》等。由于卡布拉尔政府对媒体采取了高压态势,使用各种手段对媒体进行迫害,许多报纸的发行断断续续,同时,很多反卡布拉尔政府的报纸转为半地下形式发行,以防止政府的迫害。

有反对也有支持,《波尔图市穷人报》就是支持方之一。该报第一个报道了科斯塔·卡布拉尔1月19日抵达波尔图,27日宣布恢复《大宪章》的消息,该报甚至曾经表示,专制政府在某种意义上要好过民主政府。除了《波尔图市穷人报》,还有一些有影响的亲卡布拉尔政府报纸,包括《葡萄牙邮报》(*Correio Português*)(1841年12月1日—1845年12月31日)、《复辟报》(*A Restauração*)(1842年5月25日—1846年10月14日)、《恢复大宪章报》

玛丽亚·达·方特起义

(*Restauração da Carta Constitucional*)(1846年1月2日—1846年4月20日)等。

政府同时还在压制媒体和大众的话语权，禁止自由发表言论。卡布拉尔政府的种种作为令葡萄牙民众怨声载道。1845年选举中出现的舞弊和镇压成为民众反抗的导火索。1846年4月，葡萄牙爆发了农民和底层教士反抗科斯塔·卡布拉尔政府的"玛丽亚·达·方特起义"(A Revolução da Maria da Fonte)，又称"米尼奥起义"(Revolução do Minho)。5月20日，迫于民众的压力，葡萄牙女王宣布卡布拉尔下台，后者随后流亡西班牙。

**2. 内战时期，地下报纸盛行**

卡布拉尔下台以后，帕尔梅拉掌权，宣布10月11日大选，目的是组建特别会议，对《大宪章》进行修改。由于担心《大宪章》修改后，王室的权力被削弱，葡萄牙女王希望组建一个没有卡布拉尔的"卡布拉尔式"的政府。10月6日，也就是帕尔梅拉宣布的大选之日前六天，玛丽亚二世强迫帕尔梅拉签署自我解除职务的政令，改由萨尔达尼亚(Saldanha)执掌内阁。

对于女王玛丽亚二世发动的政变，葡萄牙媒体褒贬不一。《波尔图市穷人报》认为，这次政变是实现君主立宪道路上的一次行动，也是在女王权力范围内的一次行动。而"九月革命"派的报纸则认为，女王的政变导致了民主进程的中断，只有帕尔梅拉宣布的选举才是平抚国家的唯一方式，持该观点的报纸有《爱国者报》《九月革命报》《北星报》（Estrela do Norte）等。

这场政变也使葡萄牙再一次陷入八个月的内战，史称"帕图莱亚战争"（Guerra da Patuleia）。这一次对阵双方是"九月革命"派和保宪派。从卡布拉尔被解职到内战爆发，出现的反卡布拉尔的政治报纸有《国家的呐喊》（O Grito Nacional）（1846年5月19日—1846年12月24日）、《科因布拉报》（Jornal de Coimbra）（1846年6月27日—1851年12月31日）等。

内战双方对于媒体宣传十分重视，尽管与政府意见相左的报刊被禁止发行，但是仍有很多报纸转入地下，继续发行。最早出现的地下报纸有埃武拉的《官方消息报》（Notícias Oficiais）（1846年10月12日创刊）和《官方公告》（Boletim Oficial）。到了10月23日，首都里斯本才有了第一份地下报刊《问题国家》（O Estado da Questão）。

最初地下报刊对于女王的政变持容忍态度，直到出现了《圣塔伦回声报》（Eco de Santarém）。该报对于王权的挑战十分激进，通过说教的方式，向读者传达反对王室的立场。从报纸的用词和风格可以看出，《圣塔伦回声报》在对君主立宪失去信心和耐心后，开始体现了"共和"的思想，这也是葡萄牙最早出现"共和"思想的报纸之一。报纸的主编是安东尼奥·罗德里格斯·桑帕约（António Roderigues Sampaio）。《圣塔伦回声报》秘密地发行了四期，其印刷工作在里斯本圣卡塔琳娜教堂的废墟上完成。12月14日（或15日）的凌晨，警察曾经去教堂进行了仔细检查，但是没有发现任何报纸的踪迹，因为报纸在印刷后，所有的模具都被销毁。《圣塔伦回声报》退出历史舞台后，安东尼奥·罗德里格斯·桑帕约创建了另一份地下报纸——《光谱报》（O Espectro）（1846年12月16日—1847年7月3日）。

### 3. 内战后，葡萄牙报业继续被压制

1847年6月30日，内战双方签署了格拉米多停战协议（Convenção de Gramido），保宪派获得了胜利。内战虽然结束，但是女王在政策上对卡布拉尔派的倾斜引起了"九月革命"派的强烈不满，这一点在报纸上也有所体现，

反应最为激烈的报纸有《九月革命报》《爱国者报》《国家报》等。为了巩固政权,执政的萨尔达尼亚计划将保宪派和"九月革命"派中的温和派合并,给予他们广泛的政治权力,通过平衡两党之间的利益,有助于巩固他的统治。但是,这个计划并未能成功,主要原因在于萨尔达尼亚和卡布拉尔的政见不一。卡布拉尔被流放后,1847年8月27日回到里斯本,不久后当上了保宪派选举中心的主席。而萨尔达尼亚不承认这个组织,另行成立了保宪派协会,表示将在今后成立的议会中吸纳所有党派的人士。同时,萨尔达尼亚希望将两个组织合并,但是

《光谱报》

并未成功。最终,保宪派协会解散。这个时候,亲卡布拉尔的报纸开始鼓动卡布拉尔再次进入内阁,《人民报》(Jornal do Povo)就是其中之一。

这一时期的新闻自由政策也是一波三折。在玛丽亚二世发动政变后的第二天,即1846年10月7日,《大宪章》里的新闻自由政策被废除,直到1847年8月,新闻自由条款才被恢复。尽管如此,政府对于报刊的压制和迫害始终没有停止。内战结束后,一些著名报纸遭受到严重打压,引起了报界的强烈抗议。在政府的唆使下,针对报纸的暴力行为愈演愈烈。例如1848年9月8日,激进派报纸《灵柩报》(O Rabecão)被暴徒冲击,袭击者甚至带着枪和刀闯入报社。

从卡布拉尔掌权以后,对于报刊的压制政策就从没停止过。当他1848年

再一次通过选举掌权后，压制的严厉程度较前一时期有过之而无不及。1850年2月1日，卡布拉尔借口需要规范新闻自由，防止报刊发布无根据的谣言或者中伤他人的消息，向众议院提交了一份议案，该提案在1850年8月3日以政令的形式颁布，历史上该政令也被称为"软木塞法令"（Lei da Rolha）。卡布拉尔颁布"软木塞法令"的真正目的是将新闻管制的严厉程度提升到专制时代的水平，尽管《大宪章》规定禁止采用新闻预审制度，但是卡布拉尔政府还是采取了一系列的严厉政策来对付报刊：严控报刊的发行，记者和编辑犯罪加重惩罚，建立新闻特别法庭等。葡萄牙报界对此法律的评价是"醉翁之意不在酒"。

"软木塞法令"从提案到颁布，葡萄牙国内的反对声不断。1850年2月18日，在里斯本，媒体界发起了名为"反对新闻自由建议"的抗议，参加的人包括当时著名的媒体人亚历山德勒·埃尔库拉诺（Alexandre Herculano）、阿尔梅达·加雷特（Almeida Garret），《九月革命报》主编桑帕约等。几天后，100家印刷厂联名上书，抗议政府提出的一系列关于"新闻自由"的建议。而"软木塞法令"正式颁布，便立刻引来了大范围的抗议，首当其冲的就是《九月革命报》，甚至连曾经支持卡布拉尔的《波尔图市穷人报》也站出来反对该法令。

"软木塞法令"规定，所有创办报纸的人都必须在银行存入120万雷斯的押金，用来缴纳今后可能出现的罚金。法令还规定，如果报纸被处罚，那么它的编辑将被逐出新闻业。如果编辑犯罪，那么在他服刑期间，报纸不得发行，也不得指定别的编辑负责报纸。"软木塞法令"严重阻碍了葡萄牙新闻业的发展。在此之前，葡萄牙每年的报纸创刊量处于高位，例如1842年32种，1843年37种，1844年25种，1845年30种，1846年57种，1847和1848年各41种，1849年36种，而到了1850年，只有15种。

### 4. 葡萄牙诞生最初的共和主义报纸

18世纪末，"共和"思潮出现在葡萄牙。在自由党革命前，一些不太坚定的新闻审查官被指受到"共和"思想的蛊惑，因此被剔除出审查委员会。在第二段君主立宪时期，那些反对《大宪章》的人常常被指认为"共和主义者"。

九月革命以后，许多自由主义左翼的报纸被保宪派报纸冠以追随法国革命"共和主义者"的名号。当时几乎所有的报纸，甚至连"九月革命"派的报纸都认为共和主义是"荒谬的，不可能实现的"。

然而，欧洲各国的共和派革命，尤其是1848年2月法国革命，对葡萄牙的媒体产生了巨大的影响。一些葡萄牙的报纸担心，同样的革命会在自己的国家发生。此时，一些受共和主义影响的知识分子开始活跃起来，建立了一些革命性的团体。在科因布拉，若泽·埃斯特旺、安东尼奥·罗德里格斯·桑帕约和奥利维拉·马来卡（Oliveira Marreca）成立了"革命民主中心"（Centro Democrático Revolucionários），但是该中心长期受政府压制。当时的共和主义充满了空想主义和浪漫主义的色彩。

从1840年开始，葡萄牙出现了一些倾向于共和主义的文学性刊物[①]，例如《今天不是昨天》（Hoje Não É Ontem）和《晚了：致葡萄牙人民》（É Tarde：Ao Povo Português）。1851年，若泽·菲尼克斯·恩里克斯·诺盖拉（José Félix Henriques Nogueira）在他的著作《葡萄牙改革之研究》（Estudos sobre a Reforma em Portugal）中提出了共和主义的思想。此后，葡萄牙出现了第一份公开的共和主义报纸——《复兴者：人民报》（O Regenerador：Jornal do Povo）（1848年4月16日—1948年11月15日）。随后出现了《共和国：人民报》（República：Jornal do Povo）、《黎明报》（A Alvorada）等。这些报纸表现出一些共性：首先，它们都是匿名的、地下的；其次，价格低廉，大部分售价在10雷斯左右，有助于底层人民接触到报纸；再次，语言简单而直接，一针见血，它们认为内战主要归咎于女王；最后，报纸都认为，只有共和制才能使国家复兴。当局对于这类报纸采取两种态度。针对言辞激进的报纸，当局采取高压的政策，类报纸只能秘密地发行；针对仅限于知识分子圈内传播、温和的、带有文学和哲学色彩的报纸，当局则不加干涉。

---

① 多数是地下的传单

### 5. 内战后，葡萄牙各类报纸百花齐放

除了政治报纸，其他类别的报纸在内战结束后也迎来了新的发展。比如文学性报纸，它们在"九月革命"期间曾经中断了一些时间，此时，市面上再一次出现了它们的身影。比较有影响的文学性报纸包括《文学花园报》（O Jardim Literário）（1847年—1854年）、《灯塔报》（O Farol）（1848年3月18日—1849年4月4日）、《葡萄牙档案》（Arquivo Português）（1848年5月13日—1848年9月）等。此外，这段时期还出现了讽刺类报纸，如《眼镜：文学、批判和习俗报》（O óculo: Jornal Literário, Crítico e de Costumes）（1847年5月28日—1847年9月30日）、《寒鸦报》（A Gralha）（1847年9月4日创刊）；音乐美术类，如《女士们的音乐娱乐：钢琴音乐报》（Recreio das Damas Musical: Periódico de Música para Piano）（1848年创刊）；戏剧类，如《艺术家：文学、批判和戏剧报》（O Artista: Jornal Literário, Crítico e de Teatro）、《观众：戏剧与交响乐报》（O Espectador: Jornal dos Teatros e das Filarmónicas）；经济类，如《财政部官方公告》（Boletim Oficial do Ministério da Fazenda）、《时代：工业、科学、文学和美术报》（A época: Jornal de Indústria, Ciência, Literatura e Belas-Artes）（1848年—1849年）；医药类，如《里斯本药学与辅助科学报》（Jornal de Farmácia e Ciência Acessória de Lisboa）（1848年—1888年）；宗教类，如《基督之盾》（O Escudo Cristão）（1847年12月24日—1848年3月4日）。

# 第五章 "和平复兴时代"到君主制末期葡萄牙报刊的发展

CHAPTER 5

卡布拉尔政权倒台后,葡萄牙迎来了一个相对稳定的政局。脱离新闻压制政策后的葡萄牙报刊在数量和质量上都实现了飞跃。这一时期,葡萄牙出现了杂志。"复兴时代"开启后,葡萄牙的报刊越来越多样化,出现了新闻的产业化。不过,在君主制末期,新闻制度再次被收紧,一些报社遭到查封,新闻人被逮捕或流放。

## 一、"和平复兴时代"

19世纪40年代的政治动荡令葡萄牙的国家发展处于停滞甚至倒退的状态，整个国家都不知道出路在何方。但是可以肯定的是，人们都不希望葡萄牙继续处于这样无秩序、动荡不安的状态。尽管葡萄牙的媒体也不知道国家今后到底应该走哪条路，但是它们却为国家形势的分析做出了自己的贡献。

为了寻求国家的发展，结束动荡局面，军事行动不可避免，于是就有了1851年4月萨尔达尼亚元帅（Marechal Saldanha）领导的军事哗变。尽管此前萨尔达尼亚本人对这次军事行动还心存犹豫，但是在多数政党，尤其是自由党左派的支持下，他为葡萄牙的历史走出了重要的一步。这次政变彻底终结了科斯塔·卡布拉尔的独裁政府，也使葡萄牙进入了一个相对稳定的时代，历史上称之为"复兴时代"（Regeneração）。

"复兴时代"开启后，葡萄牙媒体迎来了又一个春天。政府首先废除了"软木塞法令"，并且颁布了一系列有助于报刊发展的条例，包括恢复此前的新闻自由，明确报刊的责任，规范滥用新闻自由处罚程序，保护文学著作权，以及推行海外属地的新闻自由。进入新时代，政府对于报刊的态度彻底转变。在此之前，政府主要采取行政手段压制。而现在，政府的态度则是预防性的，几乎不使用行政干预的手段。尽管如此，"复兴时代"的政府也没有完全放松对报刊的警惕，主要针对报纸的出售和街头宣读，尤其是后者，它对舆论的影响力很大。为此，政府恢复了1826年9月22日政令，即上述活动需要得到政府的执照方可进行。即便如此，鲜有人遵守此规定，甚至有时候街头宣读的内容报纸上也找不到。

## 第五章 "和平复兴时代"到君主制末期葡萄牙报刊的发展

"复兴时代"初期，报纸普遍支持萨尔达尼亚的军事哗变。但是从1852年开始，报纸上渐渐出现了对政府中保守中间派联盟①的不满情绪。这些报纸包括《保守者》(*O Conservador*)（1851年9月15日—1852年2月14日）、《穷人日报》（1851年9月15日—1852年2月14日）等。

可以说，这个时代的葡萄牙报纸出现了巨大的变化，有些是全新的变化，有些是过去到现在的渐渐演化。结束了卡布拉尔时期的新闻压制，葡萄牙的报纸无论是在种类上还是在发行量上都有了新的飞跃。"软木塞法令"废除以后，葡萄牙的报纸数

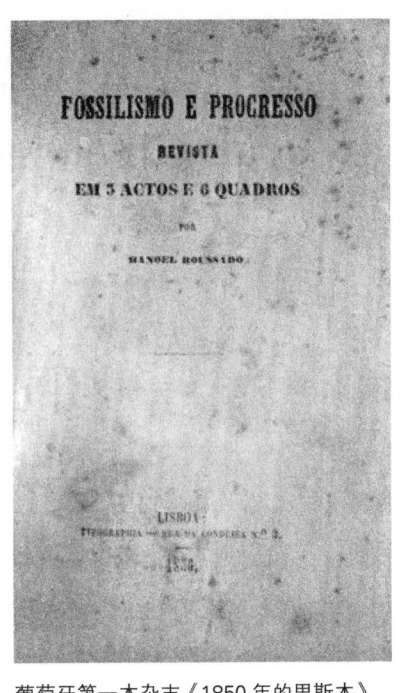

葡萄牙第一本杂志《1850年的里斯本》

量大大增长。1851年，葡萄牙出现了39种新报纸。如果按照10年一阶段来计算，50年代，平均每年创办35种报纸，60年代，平均每年67种，70年代为90种，80年代达到了惊人的184种。这种繁荣的景象一直持续到1890年，因为当时的国王堂·卡洛斯（D. Carlos）重启了新闻管制。在这个时期，除了报纸的迅速发展，杂志开始出现。第一本杂志叫作《1850年的里斯本》(*Lisboa de 1850*)，由弗朗西斯科·帕利亚（Francisco Palha）和拉迪诺·科埃略（Latino Coelho）于1851年创立。用当时媒体人的话说，杂志的出现是报纸多样性产生的必然结果。

跟此前的各时代相同，首都里斯本继续成为报纸发展的中心，当时至少70%的报纸在里斯本发行。而在其他省份，几乎所有的首府都有新报纸诞生，包括波尔图、丰沙尔、桑塔兰、布拉加、吉马良斯等。

政治类报纸依然是葡萄牙的主要报类。在"复兴时代"的最初五年，政

---

① 由自由党左派和卡布拉尔主义反对派组成

治类的报纸在整个行业的份额排在第一位（36%），其次是文化教育类（28%）。"复兴时代"的政治稳定，政治精英群体也变得相对稳定。到了60年代，葡萄牙开始出现政治协会或政治俱乐部。政治类的报纸分为三类（除去那些纯新闻类的报纸）：理论说教类：宣传思想，不参与政党斗争；政党代言类：发布政党的信息，充当政党的喉舌；个体思想类：利用创始人或编辑的个人影响力或魅力，对舆论产生影响。

从1834年开始，尤其是"复兴时代"开启后，与前两个世纪不同的是，许多著名的思想家和报刊相处得非常好，比如阿莫林·维阿纳（Amorim Viana）、埃尔库拉诺、加雷特等。有的人甚至还自己创办报纸，或者担任报纸的主编。因此报纸的发展越来越好，无论是从排版上还是从文风上，变得越来越个性化。渐渐地，报纸不仅成为传播思想，团结人群的方式，同时也是推动社会发展，促进政治生涯，甚至是进入政府的一条途径。罗德里格斯·桑帕约就是个例子，他既是记者，又曾多次担任议员。

这一时期，读者的兴趣越来越广泛，报纸主题也愈加丰富，除了占主流的政治类报纸，市面上发行的报纸还有文学类、教育类、娱乐类、历史类、美术类、讽刺类等。此外，刊物的形式也在不断增加，除了报纸，还有杂志、年报、公告、记录等。"复兴时代"里，文学性报纸十分流行，连政治类报纸也常常冠以"政治与文学"的名号。

除了以上类别，纯消息类报纸在"复兴时代"也扮演着重要的角色。这些报纸在各党派的互相争斗时，与它们保持相同的距离，这样能够最大限度地保证读者量。由于拥有大量稳定的用户，这类报纸慢慢发展成了营利性的媒体公司，开启了葡萄牙媒体产业化的时代。最为成功和长久的报纸有60年代开始发行的《新闻日报》（*Diário de Notícias*）和《大众日报》（*Diário Popular*）。

在诞生初期，报纸一般属于印刷厂的主人，它们更像是书籍印刷的附属品。那个时代，三个人足以撑起一张报纸：一个主编（一般情况是印厂的主人，同时也是报纸的校对员）、一个书写员和一个印刷工。从1834年开始，报纸的形式变得复杂起来，一份有分量的报纸需要一个编辑（应付政府当局）、一个主编、两到三名消息员（翻译外国文章、收集本国消息，尤其是关于众议院和贵族院会议的消息），有时候还需要一名专栏作家以及一些雇佣的写手。当时报纸还有一个重要进步是开辟了《致主编》栏目，用来拉近和读者之间的距离。这个时候的报纸一般没有校对员，编辑和文章的作者本身就是校对员。新闻从业者的工资都不高，即使是主编，拿到的薪水也不多。

由于没有足够的读者，报纸一般都赚不到钱，也导致很多报纸的"短命"（《里斯本公报》是个例外）。能够投入报纸的资金越来越少，很多人创办报纸也只是因为一群朋友拥有一样的理念，没有任何营利的目的。有些报纸为了生存，经常求助于一些政治人士或者政党，以发布有利于他们的消息作为交换。这种现象当时很普遍。报纸也会和政见一致的人士合作。

"复兴时代"给报纸带来了生机。报纸成了宣传说教、维护政党的武器，因此对于报业公司来说，这些业务足以养活报纸。但是，鉴于报纸成本的增加，以及扩张发行范围的需求，报业公司需要争取更多的资本，成立股份制公司。而记者从报纸的主人变成了雇工。与此同时，报业公司已经不满足于维持生计，开始寻求效益，报纸慢慢被看作是商品的一种。收费广告成为报纸营利的重要手段。

这一时期，葡萄牙新闻界发生的另一大变化就是新闻产业化的出现。如前所述，寥寥数人便可以撑起一张早期的报纸。但是随着产业化的到来，报纸团队不断扩大，从十几人到几十人。"记者""报道员"的作用更加明显，尤其是政治记者的作用。而记者本身也更加注重新闻事件的报道，这一点与此前的"政治写手"截然不同。当时的记者分为两类：一类是真正的记者，他们有时候会外出采访；另一类是通讯员，他们会给报社提供信息，少数人会自己写稿，最终由编辑部审核通过。

虽然记者在报社的地位越来越重要，但是他们常常被人误会，有时候甚至被列为不受欢迎的一类人中，因为他们总是想方设法获取新闻，这种做法会招致公众的不悦，而这一现象在19世纪末尤为突出。尽管受到很多批评，但是报纸的"天职"就是提供新闻和讲述事实。不过这样的现象也对报纸产生了一定的影响。一些报社渐渐把新闻部门和评论部门分开。而新闻部门开始慢慢注重电报的作用。在那个时期，一些著名的作家也开始为报社供稿，这对报社记者来说是一种冲击，但是却无形中为葡萄牙报纸的发展做出了贡献。比较突出的有拉马略·奥尔蒂冈（Ramalho Ortigão）和艾萨·德·奎罗斯（Eça de Queirós）。

事实上，当时的很多社会精英都不认为报纸能够提供完全客观和真实的信息，但是可以作为一种有效的方式来传递思想。事实确实如此。一些报纸将人民对政府的诉求夹杂在日常的新闻播报中，一些报纸开辟了社论栏目，针砭时弊，希望对政府施加影响。《新闻日报》就是其中之一。该报创立于1864年12月29日，虽然它也注重报道新闻时事，但有时候也尝试着影响政府决策。例如1904年，《新闻日报》曾经要求政府投资打造战船，以提高海军的实力。

随着报纸的影响力增强，越来越多的人开始关注政治问题，一些受教育层次较低的人，也参与到政治讨论中。于是，社会精英们又开始针对"报纸是否在走下坡路"这一命题展开了争论。一些人认为，报纸确实在走下坡路，因为它们所关注的话题越来越低端，比如犯罪、琐碎的社会问题、人们日常生活中的小事情，却对政治和经济问题置若罔闻。这种现象在《新闻日报》上尤为突出。他们认为，当时的报纸把消息当成了商品，把新闻业当成了商业。此外，他们还散布有关《新闻日报》的谣言，甚至宣布召集里斯本主要的报纸，共同出版一份与其相似的报纸，免费发放给公众。

除去这些负面信息，《新闻日报》在葡萄牙确实扮演了十分重要的角色，当时该报的信息收集方式和能力令人称道。他们在葡萄牙全国，甚至在巴西和西班牙都有记者。而报纸的发行范围几乎覆盖了整个葡萄牙。此外，《新闻日报》还创造了低价广告板块。在这个板块里，广告都带有小标题，让读者更容易区分它们的类别。虽然是低价广告板块，但是却吸引了很多人来此投放，广告的数量增长，收入也跟着增长。随之而来是雇用更多的工人，购买更多的机器，不断上升的发行量。《新闻日报》的这种做法被其他报纸广泛学习。广告成了报纸的主要收入，同时促使报纸降价。

可以说，《新闻日报》的创立成了葡萄牙新闻史上的一个里程碑，因为它把广告变成了一种产业，也催生了葡萄牙广告公司的诞生。仅仅在创刊初年，《新闻日报》总共刊登了 14402 条广告，平均每期 48 条。20 年以后，也就是 1885 年，该报每年刊登的广告达到了 18 万条，报纸也随之进行了扩版。《新闻日报》的广

《新闻日报》

告战略也引来了一些批评声。对此，该报不以为然，并称，有了广告，它可以做得跟《纽约时报》和《每日电讯》一样好。也正如它所说，报纸确实越做越好，发行量越来越大。连在街头卖报的孩子也多了起来。有了卖报这份工作，他们不用再去当乞丐。

《新闻日报》创刊后，一些商业类的报纸也开始出现。比较著名的报纸有 1854 年 6 月 2 日创刊的《波尔图商报》(*O Comércio do Porto*)，该报主要发布工商业信息。另一家是《一月一日报》(*O Primeiro de Janeiro*)，同样是在波尔图，该报后来在 20 世纪成了一份在葡萄牙北部具有标杆性的报纸。

19 世纪末创刊的其他报纸基本上都遵循着《新闻日报》的办报理念。其中比较突出的报纸有《世纪报》(*O Século*)。该报由一群共和主义者创办，报纸的大部分版面用来刊登新闻，同时也有一些政治话题和观点栏目。该报还吸取了国外先进经验，例如发行配图版的特刊，开展读者竞赛等。进入 20 世纪后，《世纪报》甚至超过《新闻日报》，成了葡萄牙发行量最大的日报，两家报纸在 20 世纪也成了激烈的竞争对手。《世纪报》的成功还归功于它独特的排版，在波希米亚风式的排版充斥葡萄牙报业的时候，《世纪报》采用了粉红色印刷。

报纸的发展带动了记者的职业化。但是记者的地位和名声都大不如前，

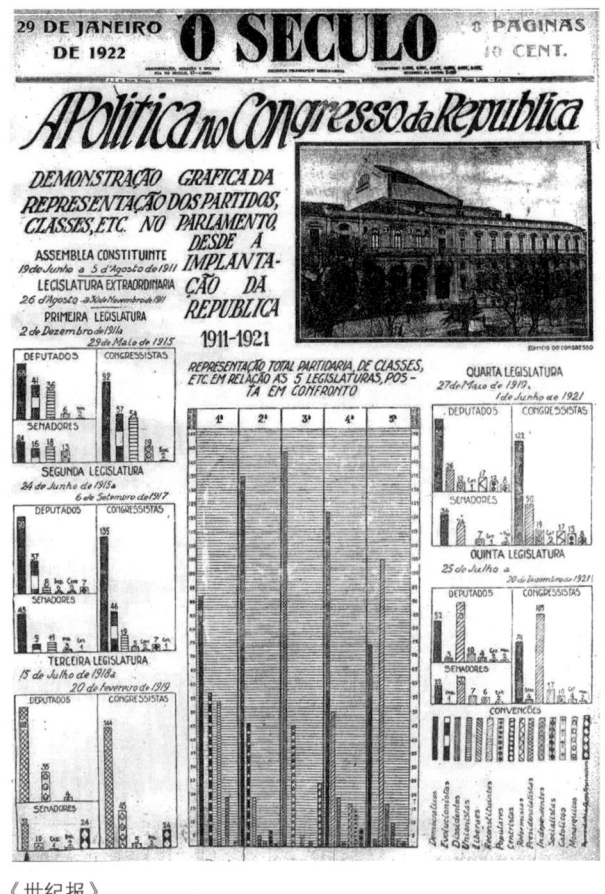

《世纪报》

一些著名的作家和政治家停止为报纸供稿,记者行业的声望正在慢慢褪去。不过,记者的职业化发展和报纸的产业化进程促成了报业公司或报业集团的诞生。一些新报纸的发行往往由一个团体共同进行,里面的个体由于商业因素或拥有共同的政治倾向而结盟,并且在公司或集团内分享股权。

由于激烈的竞争,葡萄牙报业的公司化发展促使报纸开始注重内容以及受众的需求,以争取到更多的读者。报纸作为一种商品,已经不仅仅是为撰稿人谋取利益,而是要更多地贴近民众,才能延续下去。正如前文所说,一些报纸开辟了读者互动栏目,以保证读者的忠实度。

一些报纸开始采用戏谑的方法攻击竞争对手,以吸引读者的眼球。比较突出的报纸是《下午报》(*A Tarde*)。在1889年4月22日的第一期上,它便对其他报纸评头论足,"中枪"的报纸有《新闻日报》《人民页报》(*Folha do Povo*)、《九月革命报》《葡萄牙公报》等。由于是下午发行,所以该报能够完整地公布彩票信息,吸引了大批读者。在世纪之交,由于葡萄牙遇到了经济危机,人们的购买力大幅下降,因此报业同样遭遇危机。在这种背景下,《下午报》在19世纪末告别了历史舞台。

还需要提及的是,19世纪下半叶,葡萄牙出现了工人阶级的报纸,如《联合会报》(*A Federação*)、《工人的抗议》(*Protesto Operário*)、《工人的声音》(*A Voz do Operário*)等。然而,有趣的是,这些报纸并非像它们的名字一样由工人阶级来创办。它们中的大部分是由资产阶级创办的,内容则是评论观点多于新闻消息。

## 二、君主制末期的新闻传播

尽管葡萄牙民间对于办报表现出了极大的热情,但是从19世纪末期开始,新闻自由再一次被专制政府收紧。因为这一时期的政府需要面对共和主义、社会主义、无政府主义、工人阶级、自由主义以及其他势力的挑战。一些在海外殖民地成立的团体同样动摇着专制政府的根基。

这一时期,葡萄牙的国力开始衰弱,在国际上也渐渐失去了话语权。其中代表事件就是"粉色地图"事件(Mapa cor-de-rosa)。当时的葡萄牙为了在非洲占据一块联通大西洋和太平洋的领土,于是,在柏林会议上,葡萄牙国王堂·路易斯一世(D. Luís I)提出"粉色地图"方案。葡萄牙在非洲地图上划定了一片正好联通大西洋和太平洋的粉色区域,涵盖了莫桑比克和安哥拉

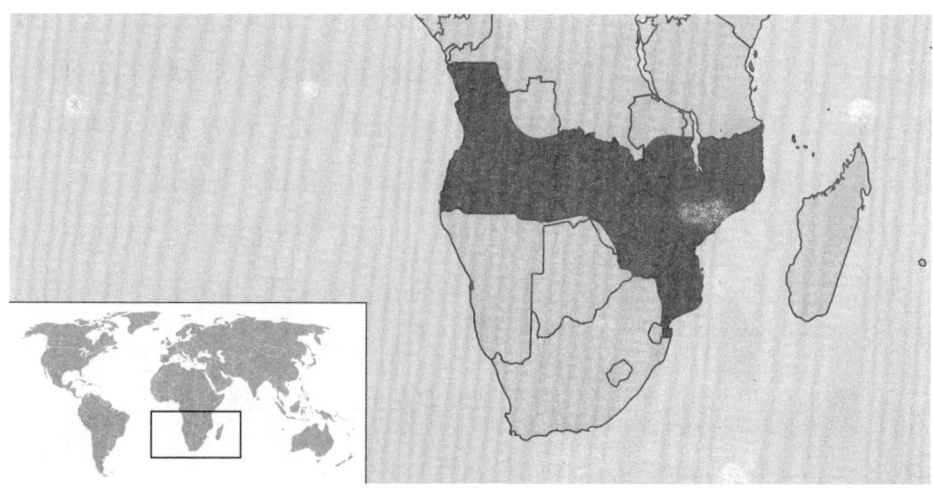

粉色地图

的全部领土，以及今天的赞比亚、马拉维和津巴布韦。但是，这一方案并没有因为葡萄牙老牌殖民帝国的地位获得通过。1890年，英国向葡萄牙下了最后通牒，勒令其放弃安哥拉和莫桑比克领土，否则断交。当时的葡萄牙向英国政府提出了抗议，但是最终还是做出让步。这也意味着葡萄牙的"粉色地图"计划失败，同时也标志着葡萄牙国力走向衰退。

根据1890年3月29日发布的政令，媒体遭到了强烈的司法压制，记者很容易就因为"滥用媒体自由"之类的罪名被逮捕。政令规定，所有的报纸都不得刊发无政府主义的新闻。1898年，该政令被废止，但是报纸并没有因此逃过一劫。警察和受政府保护的暴徒继续不停地冲击报社办公室和印厂。

1907年，当若昂·弗朗克（João Franco）掌权以后，政府再次发布了一条新闻管制的政令。为此，弗朗克政府还特别成立了一个办公室，被称为"黑色办公室"。每周，内政部的官员都会在这个办公室里审查报纸的内容。一些记者被罚款、逮捕或者流放，有些表达不满情绪的报纸甚至被停刊。1908年，国王卡洛斯和他的继任者路易斯·费利佩（Luís Filipe）被谋杀，曼努埃尔二世（Manual Ⅱ）上台，这对媒体来说或许是一个好消息，因为在曼努埃尔统治期间，媒体管制和行政压制程度有所减弱。

尽管生存环境十分恶劣，但是按照布里托·阿拉尼亚（Brito Aranha）[①]的统计，1900年在葡萄牙及其海外殖民地，仍有583份报纸在发行。那个时候，一些常规报纸尺寸已经非常接近今天的小开版报纸尺寸，即长50厘米、宽35厘米。与此同时，也有一些报纸选择大开版尺寸，长72厘米、宽50厘米。这一时期报纸的版式设计大多维持着维多利亚风格，新闻逐条、逐栏地垂直铺展，每份报纸都有插图。由此可见，一些常规型的报纸已经开始注重视觉信息。此外，葡萄牙报业的技术手段也在不断提升，其中滚筒式印刷机在1890年被引进到葡萄牙，整行铸造排字机20世纪引入该国。新闻需求量的剧增和赢利空间的扩大使葡萄牙的新闻业在世纪之交迅速发展。

---

① 葡萄牙书志学家

## 第六章 葡萄牙独裁时期报刊的发展

CHAPTER 6

　　1910年，葡萄牙王室被推翻，成立第一共和国。当时的媒体政策并不明确。第一次世界大战期间，政府对媒体采取了强硬的态度，但是遭到不断的抗议。1932年开始，葡萄牙经历了欧洲历史上最长的独裁统治，在此期间，媒体遭受了严格的审查。与此同时，由于畏惧，独裁政府经常采取强硬措施打压媒体。即使是萨拉查（António de Oliveira Salazar）与卡埃塔诺（Marcello Caetano）交接政权后，媒体也没有迎来所谓的"春天"。

## 一、1910 年到 1926 年期间的报刊

**1.1910 年新闻法规**

1910 年 10 月 5 日的革命推翻了葡萄牙王室，成立了第一共和国，葡萄牙媒体的形势有了极大的改变。当月 10 日，共和国临时政府就废除了 1907 年颁布的限制媒体的法令。不过，政府也没有颁布一条保护新闻自由的法令。

在 1910 到 1926 年期间，政府只发布了一条有关媒体的政令，包含了所有与媒体言论权相关的规定。此法令的第一条就规定，不得对媒体收取押金，管制或者进行预审。第二条规定，如果政府部门有人违反上述规定，那么其不仅将被解职，交纳罚金，并且需要支付对媒体可能产生的赔偿。

1912 年 7 月，由于君主立宪复辟思潮的出现，政治形势紧张，共和国政府颁布了两条法令，收紧了新闻的自由度，列举了媒体可能被查封的情况。而当葡萄牙参加第一次世界大战后，新闻立法出现了明显的变化，1910 年颁布的《新闻法》再次全面恢复施行，并且一直持续到 1926 年 5 月 28 日，葡萄牙独裁政府成立。

**2. 第一次世界大战后的葡萄牙新闻传播**

德国对葡萄牙宣战，逼迫葡萄牙政府收紧此前给予新闻的自由度。1916 年 3 月 12 日，警察局和政府部门可以对"散布谣言危害国内外安全，损害本国在海外的利益，影响军事备战和防御"的报社进行查封。当时政府颁布的一条政令规定："鉴于战争造成当今严峻的局势，为了维持公共秩序，政府必须更加谨慎地审查，防止出现假新闻，扰乱国家的安全。"

针对报纸的行政查封制度持续了一段时间后，各家报社表现出严重的不

满。对此，葡萄牙政府又制定了一个临时新闻管制制度，增加了多项查封报社的理由。内政部和司法部召集各家报社的负责人开会宣布新制度。针对这一新制度，葡萄牙内政部表示"新制度并非敌对报纸，反而是为了减少这些报纸由于审查遭到伤害"。

大部分的报纸都欣然接受了这一新制度，因为临时管制比查封要好得多。为了施行临时新闻管制，政府发布了3月28日第495号法令，提及"临时管制是为了消除危害国内外安全、损害本国在海外的利益、影响军事备战和防御的谣言。"法令末章规定"不得使用带有攻击性的或下流的书面语言挑衅或者中伤共和国总统或者外籍人士"。

新闻管制由地区委员会来实施，该委员会的组成方式和人员不定。例如在里斯本，该委员会由15个拥有表决权的判事组成，且他们都是军人，有专门的办公场所。如果报纸的某项内容被裁定违法，那么所占版面只能"开天窗"，不得用其他内容代替。临时新闻管制生效后的第一次"开天窗"案例发生在《世纪报》。在当年4月2日出版的报纸第3页，有一篇名为"校园聚会"（Festas Escolares）的文章，因为涉及某些军事内容，文章有几行被删除，留下了空白。在同一天出版的该报第5页，《汇市与股市》栏目上，也出现了"开天窗"的现象。

大部分管制案例，至少在其施行初期，都是因为涉及军事内容。但是渐渐地，这种管制已经不局限于军事内容。《世纪报》曾经刊登了一条科因布拉玉米短缺的新闻，里面有一句话被删除："共和国卫队应该出动，因为人们想要抢劫一些……"此后，一些关于议会的新闻也会被管制。

除了军事内容和有关公共秩序的新闻，临时新闻管制还是比较宽容的。一些针对政府的尖锐批评，甚至是讽刺，都能完整刊出。例如，1916年5月11日，《世纪报》刊登了一篇名为《面包—劣质而昂贵—政府的杰作！》的长篇文章，抨击当时小麦紧缺的问题，文中将葡萄牙小麦进口上的失策归结为"政府的短视和懒政"。

一个有趣的现象是，有些批评临时新闻管制的文章，即使是用词尖酸刻薄，也不会被删除。在野党"共和国联盟"（União Republicana）的机关报——《斗争报》（Luta）曾经刊登了一篇文章叫"小事儿"，谈及该报被审查删除的内容，"战争之后能给它（被删内容）留块地儿吗，当然！"

而报社对于这种临时管制制度的不满渐渐显现出来，最激烈的当属《斗争报》。他们对当时的执政党"神圣同盟"（União Sagrada）十分不满。1917年4月，"神圣同盟"下台，阿方索·科斯塔（Afonso Costa）担任总统，而针对新闻管制的批评声越来越强烈。

这一时期，媒体开始敢于就媒体管制批评政府，此时的葡萄牙由"葡萄牙共和党"（Partido Republicano Português）执政。当年9月，葡萄牙《共和国报》曾刊登一条新闻，提出葡萄牙大陆和其附属岛屿之间的沟通存在困难。此新闻被审查部门剔除。为此，该报纸提出强烈抗议，结果第二天，审查部门转而同意其刊登此新闻。

报纸因为敏感问题被审查，新闻被砍的事情并不少见。报纸上大片的空白反而让读者更加好奇，同时开始对政府的审查产生抵触情绪。而广告商也抓住了"开天窗"吸引读者这一特点，打起了主意。1916年4月和5月间，《世纪报》在其中的一页上只印了两个标题"最后时刻"和"新闻管制"，下面十行都是空白，然而在空白下面却是一条卖帽子的广告。

1917年8月，报业开始了一场反审查运动。这场运动由《商业与殖民地报》（Jornal do Comércio e das Colónias）编辑部发起。该编辑部召集了里斯本和波尔图的各家报社，举行了一次会议，表达对新闻管制的不满。《世界报》没有参加此次会议。大部分报纸表示，新闻管制是必要的，但是不应该是这种方式，尤其对新闻内容管制的范围太广，希望审查部门能够缩小这种范围。

为此，"共和国联盟"的两名众议员，若泽·巴尔博萨（José Barbosa）和路易斯·德罗艾特（Luís Derouet）起草了一份法律草案，建议将新闻审查的范围只限制在有关战争的新闻里，经过众议院立法总会的讨论，最终该法案于8月14日获得通过。尽管如此，政府迟迟不公布该法案。为此，9月4日，为了表达对政府的不满，大部分葡萄牙的报纸表示，不在报纸的专栏或者显著位置刊登任何官方的消息或者官方要求刊登的通告。

两天以后，科斯塔政府不得不公布了法案，其中第二条规定新闻管制只能删除有关军事防御、国家经济防御、军事行动和煽动抵制战争的内容。此外，第三条还规定，如果对删除的内容有异议，可以在48小时内向内政部提出申诉。新法的实施让新闻删减的案例大大减少。

不过这样的情况只持续了两个月。12月8日，右翼势力"革命联盟"（Junta Revolucionária）发动政变，西多尼奥·派斯（Sidónio Pais）上台执政。次日，政府决定废除新闻管制。但是新闻管制的废止并不意味着恢复到此前的新闻自由度。在政变当天，许多报社遭到袭击，"葡萄牙共和党"党报《世界报》总部被彻底摧毁，报纸被迫停刊。

虽然宣布废除新闻管制，但是政变后的政府却发布了三条训令，变相实行新形式的新闻管制，继续对媒体进行了严格的打压。第一条规定要避免政党间的争斗，保证葡萄牙大家庭的和解，第二条规定新报纸发行前必须要经过预审，同时葡萄牙共和党的报刊被严格压制，第三条规定媒体不得报道有关政变的消息。1918年1月9日颁布的新训令给报刊又上了一道枷锁，规定政府有权永久关闭"扰乱公共安全的定期刊物"。

由于对西多尼奥的政府十分不满，"共和国联盟"宣布与其决裂。此外，"公众拯救联盟"（Junta de Salvação Pública）也发起了抗议行动。以上种种促使《世界报》3月30日恢复出版。

新闻审查制度废除，新训令发布以后，社会上弥漫着一种对政府的不满情绪。许多报纸，尤其是发行量很大的《共和国报》和《世界报》，开始对政府进行猛烈的抨击。4月2日，也就是在恢复出版的第三天，《世界报》就发表了一篇社论，抨击政府的无能。除此之外，该报每天还发布西多尼奥反对者被抓的新闻。

由于报纸不断攻击政府，社会政治里的不定因素开始增加，西多尼奥政府决定重新启动新闻管制。于是当年4月13日，政府颁布了4082号政令，宣布恢复新闻管制，除了有关军事和战争的新闻，国内安全和公共秩序的新闻同样会被删除。除此之外，政府部门还会查抄有问题的报社。4月23日，政府毫无理由地查抄了《世界报》，这一举动引发了大规模抗议。随着新闻管制重启，报纸上再次出现空白，而且越来越多。4月27日出版的《世界报》首页，空白占据了四分之一的版面。5月和6月间，由于政局越来越不稳定，新闻管制的力度开始加强。6月6日出版的《世界报》首页的一半和整个第二页都是空白。

1918年6月17日，葡萄牙政府颁布了第4436号政令，缩小了新闻审查的范围，规定审查委员会只能删除破坏国防、军事、经济或者战争的内容，以及反战宣传。尽管内容删除的范围缩小了，但是报社被查抄的事件依旧频频发生。面对这样的情形，报界十分不满。

第一次世界大战结束以后，尽管大家都认为媒体管制将会消失，但是西多尼奥政府并无此意。除了上述禁止报道的内容，有关革命、罢工或者西班牙、德国政局的文章也被禁止。"开天窗"的现象不减反增。1919年1月4日出版的《新闻日报》首页有一半都是空白。

1918年，西多尼奥在应对君主主义者叛乱的途中被暗杀[①]。为了打击葡萄牙的君主主义者，葡萄牙新政府决定从1919年2月1日开始，对新闻管制的范围进行调整。根据《新闻日报》的报道，政府在召集报纸负责人的会议上表示："虽然报纸的新闻审查已经停止，但是对于电报的军事管制还将继续。"由这种军事管制，报纸收到电报时实际上新闻已经晚了至少十个小时，这对报纸工作造成了巨大的影响。2月10日，《新闻日报》发表文章，表示对电报的管制不可理解。

不久以后，由于君主制复辟几乎已经没有任何可能性，共和制的政权得到了巩固，政府决定自2月28日起，取消临时新闻审查。

---

① 戴维·伯明翰　周巩固　周文清等：《葡萄牙史》，商务印书馆，2012年11月第1版，P138

## 二、"新国家"时期的报刊

### 1. 军事独裁和新闻管制

1926年5月28日，安东尼奥·玛丽亚·达·席尔瓦（António Maria da Silva）的政府被推翻，继任者并没有对媒体进行管制，甚至没有实行任何管理媒体的制度。反倒是此前被推翻的政府为了打击"政变"，要求所有的报纸在没有经过审查之前不得出版。几乎没有报纸遵守这个规定，这其中就包括《世界报》和《共和国报》。

5月30日，"革命军事联盟"（Junta Militar Revolucionária）在所有的报纸上发表声明：军队的职责就是保证人民言论自由，保障公共安全。但是，6月17日发动的政变改变了媒体的处境。在推翻门德斯·卡贝萨达斯（Mendes Cabeçadas）的政权后，戈麦斯·达·科斯塔（Gomes da Costa）上台。在接受《午后报》（Jornal da Tarde）的采访时，他表示："我是不会实行新闻管制的，至少在媒体没有困扰我的时候。"然而，这并不是事实。两天后，《世界报》发布了一条新闻，预示着新的新闻管制的到来。当时的新闻这样写道：

"根据《时代报》（Época）的消息，战争部已经设立了一个新闻审查委员会，领导是一个司令级别的官员。这个委员会的职责就是监管新闻媒体，检查媒体发布的内容是否符合国家的规定，如果发现不合规定的内容，委员会将立即通报给战争部。尽管他们不叫新闻管制，可这至少很像是。"

种种疑问6月22日得到了答案。所有的报纸都刊登了由第二警察总长签发的一个通告："根据最高指示，特别通知您，自今日起，将实行新闻审查制度，所有报纸必须在出版前提交给共和国卫队（G.N.R.）总司令部四份小样进行审查。"此外，任何报纸都不得开天窗。

不过，根据《世界报》当时的报道，新闻审查负责人普拉塔斯·迪亚斯（Pratas Dias）上校召集各家报纸的负责人开会，向他们传达了哪些新闻将会被禁止。之后，经过商议，审查制度暂缓施行 24 小时，即改为 6 月 24 日正式施行。报纸上第一次出现这样的字眼："本期报纸已由新闻审查委员会审核。"与此同时，几乎所有的报纸都发表社论，希望这样的审查制度只不过是一种临时措施。

虽然这次葡萄牙政府采取的新闻审查制度相对宽容，但是仍然引起了报纸业的强烈反对。6 月 28 日，《世纪报》和《下午报》对新闻审查制度表示抗议。第二天，《世界报》也表达了同样的不满："这样的审查何时是个头？"媒体的抗议原因主要是无法适应新闻审查制度的标准。一些内容的新闻，比如抓捕行动、政治流放等新闻，有时候被删除，有时候却能发布。

7 月初，新闻审查的力度越来越大。一些涉及国外的内容也被禁止发布。7 月 5 日，葡萄牙颁布了第一部军事独裁统治的《新闻法》。虽然该法并没有涉及新闻审查的内容，但是仍然招致了媒体的不满。针对该法中的某些条款，尤其是报纸可能会被行政查封的规定，各家报社的负责人向当时的司法部长曼努埃尔·罗德里格斯·儒里奥尔（Manuel Rodrigues Júnior）提出抗议。当日，葡萄牙三家报纸宣布停刊，它们是《晚报》（Noite）、《辛特拉报》（Jornal de Sintra）和《卡斯卡伊斯报》（Jornal de Cascais）。

7 月 8 日，《政府日报》发布了政府重组的消息，但是随后被新闻审查委员会禁止。因为委员会认为，虽然戈麦斯·达·科斯塔计划重组政府，但是重组毕竟还没有开始。9 日，这一消息最终得到了证实，同时科斯塔政府决定停止新闻审查，这一决定让报界欢欣鼓舞。然而好景不长，这样的情形只持续了一天。7 月 10 日，科斯塔被推翻下台，取而代之的是卡蒙那（Carmona）将军，新闻审查重启，而且较此前更加严格。

8 月开始，新闻审查越来越严。报纸上针对政府的批评越来越少，甚至出现了一些赞扬政府的声音。针对新闻管制本身的新闻不断减少，直至完全消失。

### 2. 1926 年到 1972 年间的媒体立法

1926 年到 1972 年间葡萄牙发布的新闻立法包括 1926 年 7 月 5 日第 11839 号政令、1926 年 7 月 29 日第 12008 号政令、1926 年 9 月 3 日第 12271

号政令、1927 年 6 月 27 日第 13841 号政令、1930 年 12 月 19 日第 19140 号政令、1931 年 1 月 17 日第 19256 号政令、1933 年 4 月 11 日第 22469 号政令、1933 年 6 月 29 日第 22756 号政令、1933 年 11 月 6 日第 23203 号政令、1933 年 11 月 15 日第 23228 号政令、1936 年 5 月 14 日第 26589 号政令和 1937 年 1 月 27 日第 27495 号政令。

其中，第 12008 号政令是葡萄牙 1972 年以前最重要的新闻法律，它替代了 11839 号政令，两条政令内容一致。在此期间，该政令只有一小部分被 1933 年的 22469 号政令修改。而第 12271、13841 和 27495 号政令主要适用于殖民地。

（1）预先许可

第 11839 或者 12008 号政令在第一段都明确规定，葡萄牙报刊发布新闻前不需要经过任何形式的预先许可，也不需要缴纳保证金。

但是，1927 年颁布的 13841 号政令规定，在葡属殖民地，所有的报刊都需要得到预先授权才能进行相关的活动，尤其是报社主管必须具备一定的学识和道德资质。

1933 年 11 月 5 日政府发布的《葡萄牙殖民帝国组织章程》(*Carta Organica do Império Colonial Português*) 规定，所有新发行的出版物都必须交纳保证金，上限 5 万埃斯库多（Escudo）①。根据 1936 年颁布的《新闻审查事务规定》(*Regulamento dos Serviços de Censura*)，由新闻审查事务局（Direcção dos Serviços de Censura）负责发放许可，同时，该局也是审查报社主管候选人资质的部门。自 1936 年开始，发行新报纸变得极其困难。

（2）司法压制

根据 11839 和 12008 号法令的规定，如果报刊触犯法律，将根据罪行的类型交由陪审团（júri）或者合议庭（tribunal colectivo）进行审判。如果媒体犯下了政治罪，那么将由国土军事法院（Tribunal Militar Territorial）进行审判，

---

① 葡萄牙旧货币，100 个埃斯库多大约相当于 0.5 个欧元

1930年12月后，特别军事法庭开始承担该项工作。

1945年开始，所有触犯法律的报刊由里斯本和波尔图的全权法院（tribunal plenário）进行审理。这种情况使得报纸报刊的处境十分困难。因为在此之前，非政治性的罪行不会交由级别如此之高的法院进行审理。

根据12008号法令，对于违法的报刊，要对文章的作者进行追责，如果编辑不指明作者是谁，那么编辑本人将会被定罪。此外，报刊的负责人也会负连带责任。除非该负责人声明"不知晓相关内容，如果事先知晓，不会发布该内容"，这种情况下，负责人将被免责。此外，排版商、印刷商、分销商如果明知内容违法还继续正常发行，那么也将受到法律的制裁。

（3）行政压制

1936年颁布的第26589号法令规定，政府可以在没有法庭审判的前提下对报刊进行干预，这是此前从没有出现过的情况。该法令规定，对于违反新闻审查制度的报刊，最多将处以五千埃斯库多的罚款和最高180天的停刊处罚。

典型的停刊事件涉及《波尔图商报》《科维良光线报》（*O Raio da Covilhã*）、《共和国报》和《莫桑比克日报》（*Diário de Moçambique*）。

（4）查抄

1926年第12008号政令规定，报刊如果从事以下行为，将会被查抄：中伤共和制，辱骂、诽谤或者威胁共和国总统，唆使民众不服兵役，损害国家完整性和主权，传播影响公众舆论的谣言，散布危害国家安全的言论等。随着法令的颁布，报社被查抄的事件也频频发生。

查抄工作由行政和司法部门实行，但是法令并没有明确两个部门的分工。这种情况一直持续到1949年6月13日。根据当时颁布的第37447号政令，葡萄牙成立了安全理事会（Conselho de Segurança），也就是专门负责查抄违法刊物的部门。

**3. 新闻立法和新闻管制**

1926年实行的新闻管制并没有任何法律依据，只是一种临时的措施。尽管随后发布的11839或者12008号政令强调言论自由，但是这种自由依然没有完全实现。1932 年,卡蒙那将权力移交给安东尼奥·德奥利维拉·萨拉查（António de Oliveira Salazar），后者兼任内阁总理,开始了长达 36 年的独裁统治。到了 1933 年,当时的《宪法》规定,所有葡萄牙人都具有言论自由的权利,但是一些特殊的法律将会对各行各业行使言论自由权的情况进行规范,防止破坏社会风气。

由此可见,临时新闻管制从《宪法》颁布的第一天起即已经开始。而《宪法》中提到的"特别法律",即

萨拉查

1933 年 4 月 11 日颁布的第 22469 号政令。该政令的第一条如此表述:"任何通过报刊表达观点的行为,只要符合《新闻法》和本政令的规定,都将受到保护。"

第二条则提到了新闻管制:"《新闻法》中提及的所有刊物,包括传单、宣传画和其他类型的出版物,一旦发布涉及政治和社会的内容,都必须接受预先审查。"

而根据该政令第 5 条的规定,新闻审查委员会的主管部门从战争部转为内政部下属的里斯本审查委员会。1933 年 6 月,即在政府正式宣布启动新闻审查制度的两个月后,新闻审查事务总局（Direcção-geral de Assuntos de Censura）成立,取代里斯本审查委员会。

新闻审查事务总局的权利广泛,而行事偏激。它禁止成立新报社,禁止外国报纸和杂志进入葡萄牙市场。

1940 年,葡萄牙国家宣传与新闻审查事务处（Secretariado de Propaganda Nacional e dos Serviços de Censura）的主管领导和国家广播管理委员会（Comissão Administrativa da Emissora Nacional de Radiofusão）主席共同成

立了宣传与信息事务协调办公室（Gabinete de Coordenação dos Serviços de Propaganda e Informação），改变了新闻审查事务由内政部全权负责的情形。此前成立的新闻审查事务总局依旧隶属于内政部，但是其职权已大不如前。宣传与信息事务协调办公室每周至少举行两次全体会议，由内阁总理主持。独裁统治者萨拉查还曾亲自过问办公室的事务。由此可见，新闻审查制度已不再是内政部独有的职责。

1944年，宣传与信息事务协调办公室更名为信息与大众文化办公室（Gabinete de Informação e Cultura Popular），继续负责新闻审查工作。由于该办公室的负责人由内阁总理直接任命，因此自机构更名之日开始，萨拉查本人开始完全掌控所有的新闻审查工作。

### 4. 新闻审查制度的实行

所有日报的内容，包括广告、照片、天气预报等，原则上都需要进行预审。但是对于来自新闻通讯社的新闻，审查制度有所不同。每个报社必须有一名员工负责每天向新闻审查委员会提交一次以上的新闻校样进行预审。每版校样需提供三份，但是里斯本的报纸只需要提供两份即可。

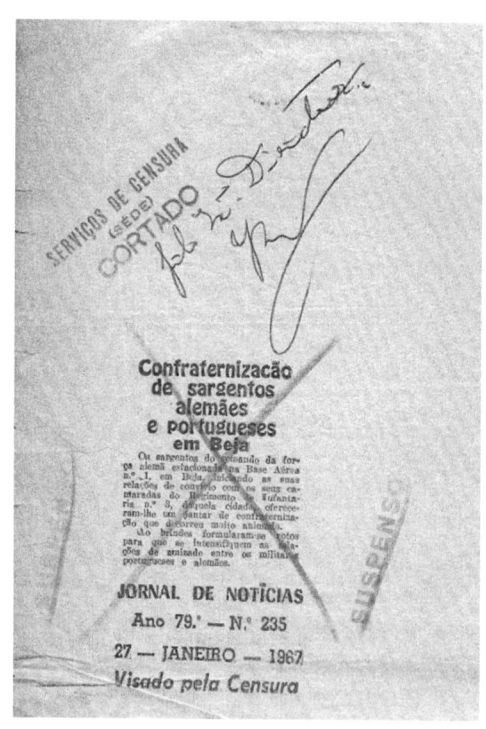

新闻审查

每一份返回报社的校样都会盖上两个章，第一个章指明审查委员会的地点，第二个章表示审核的结果，包括"通过"（可全文刊登），"部分通过"（需要部分删减），"压后审查"（需要进一步的审核）或者"禁止"（不得刊登）。

葡萄牙的报社通过电报机接收来自国外通讯社或者葡萄牙海外领地的消息，例如国家新闻社（ANI,

美国合众社葡萄牙专线）、路透社（Reuters）、法新社（AFP）等。在接收之前，所有的新闻都必须经过新闻预审。为此，新闻审查委员会也会安装和报社接收新闻一样的电报机。审查之后，新闻通讯社再将新闻发给报社，同时告诉它们审核的结果，是否存在部分内容的删除。而在审查委员会中，工作人员还有一项任务就是核对新闻的标题是否与新闻内容相符。

在葡萄牙，这种通过电报发新闻的方式从60年代才开始，在此之前，葡萄牙的报社都是通过纸张接收审核过的新闻。和新闻一样，所有的照片也要经过预审，并且被盖上"通过"或者"禁止"的章，还有很少一部分的照片被部分切除后发布。

### 5. 新闻管制的作用

1933年4月11日颁布的第22469号政令规定：新闻审查的目的是防止社会舆论出现反常，防止社会舆论被不真实、不公正、不道德的信息所影响，避免社会的组织性受到伤害。由于该条政令对于新闻审查范围的界定非常模糊，以至于此后各级审查部门执行的时候标准不一。哪些内容"不可触及"，新闻审查内容的界限是什么，成了一项极其复杂的工作，其中牵扯到许多方面的因素，包括意识形态、国际政治形势、大众传播的迅速发展等。同时，新闻审查者总是能找出一些理由来对新闻的内容进行删减。影响新闻审查工作的还有许多其他因素。读者越多的媒体，越容易受到新闻审查。正因如此，体育类的报纸受到的审查最严，因为这类报纸的阅读量很大。

此外，对于报纸的用词和风格，审查委员会都会特别注意。尤其是当报纸使用讽刺挖苦的口吻描述事件的时候，审查官都会去揣摩和质疑作者真实的意思。由此产生了一种新的报刊风格，即"批判性表扬"，这种风格在晚报上尤为常见，主要针对发生在葡萄牙国内的事件。而使用这种风格书写的文章一般不会被驳回或删除。审查委员会认为，这样的"批评"是"善意的"和"建设性的"。总的来说，报纸针对某一事件报道，如果仅仅是描述，而不加以分析，被删除的可能性不大。但是如果批评或者评论现行的法律，那么很有可能被删除。一些敏感的词汇，例如"革命""阶级冲突""镇压"也会被委员会剔除。

除了内容，报纸的标题、照片同样是影响审查的因素。虽然不是必然的，但是有可能性的。一些表面上看上去没有抨击政府的文章，因为作者使用了隐晦的手法表达对政府的不满，也会被删除。如果一条短新闻带有副标题，那么极有可能是经历过删减。提交新闻的日子，甚至是时段，都是影响审查结果的因素。例如周日，审查委员会的高级官员不上班，其余的官员生怕对报刊太心慈手软，审查的严厉程度往往比平时还要高。一些报纸的编辑摸清了审查委员会的排班表，在相对"手软"的审查官上班时才提交材料。不过，在审查委员会内部，也会出现分歧，被一个审查官通过的内容，在另一个人手里，可能就会被删除。

从1926年到1933年，葡萄牙的新闻审查制度越来越严格。到了1936年西班牙内战爆发以后，这种严厉程度达到了顶峰。被审查最为严格的内容包括西班牙战争对葡萄牙的影响、葡萄牙面临的外交压力、政府亲纳粹的倾向等。这一时期，所有来自苏联的新闻一律被删除，只能刊登来自英国和美国的新闻。面对国内的民主危机，同时看到德国和意大利在新闻管控方面的成功，葡萄牙政府决定追随纳粹法西斯的方式控制本国的新闻媒体。

第二次世界大战结束自然成为葡萄牙的一个转折点。同盟国的胜利和随后国际形势的变化对葡萄牙的新闻政策产生了一定的影响。但是，随着二战结束，冷战开始，葡萄牙的新闻控制毫无放松的迹象，尤其从1945年11月的大选开始。尽管新闻管控政策不断变化，但是有些话题始终都是被禁止提及的，包括所有针对葡萄牙政府的批判、非洲的战事、政府以及其官员的活动、学生运动、逃兵、女权运动、监狱酷刑、政治逮捕等。而对于反政府抗议、大学危机、监狱等问题，新闻管制的标准并不统一。例如罢工问题，如果其影响力不大，并且大部分民众不知晓，那么审查委员会便不做删除处理。针对一些大众知晓的事件，政府会通过发布公告或者在官方媒体上发布消息说明事实，然而，政府发布的消息跟社会媒体上的内容并不一致，有时候甚至大相径庭。

除了新闻内容，一些人名也不能在媒体上出现，包括前巴西驻葡萄牙大使阿尔瓦罗·林斯（Álvaro Lins）、波尔图大主教马里奥·苏亚雷斯（Mário Soares）、葡萄牙作家协会主席若泽·阿方索（José Afonso）等。有趣的是，除了政治问题，新闻管制的触角还伸到了其他领域，例如有关批评足球赛判罚的内容、流浪汉、乞丐的内容也会被剔除。针对来自国外的新闻，即便不是直接跟葡萄牙有关，如果可能对葡萄牙政局或者舆论产生影响，也会被审查委员会删除。

不过，针对关于苏联、中国、古巴、坦桑尼亚、赞比亚等与葡萄牙政体不同的国家，审查委员会的原则是：正面报道，例如这些国家取得的成就、整体的优势，一概删除；负面报道，例如这些国家暴露出的弊端，可以见诸报端。此外，来源于西班牙和巴西的消息也会被封杀。

可以说，通过新闻审查制度被删除的内容不计其数，其中还包括那些媒体人自我审查删除的内容。严格的审查制度给葡萄牙的报刊发展带来了很大的伤害。鉴于审查制度的严格和不确定性，为了继续生存，新闻从业者，包括记者，开始主动预先对内容进行审查，然后再提交。与此同时，他们还在寻找办法来说服审查官，或者在审查中蒙混过关。

### 6. 新闻审查原则

1968 年以前，审查机关针对报纸实行的审查原则主要依据 1931 年 8 月 28 日颁布的一条《紧急通告》。该《通告》规定，为了宣传的需要，有必要对新闻进行管控。同时规定了全国审查总局（Direcção Geral de Censura）应当采取的新闻审查方法。该通告包括"前言"以及"目的""涉及出版物"和"准则"三部分正文。

《通告》的前言表示，本文件发布的目的不是让新闻媒体盲从政府发布的所有信息，但是原则上，新闻媒体必须认同国家，不得向国家提出异议，维护当局的原则，在舆论中营造一个平等的国家形象。媒体应当注意社会赋予的崇高使命，应当维护社会的稳定和秩序，不得在舆论中散布错误的意识形态，不得破坏社会秩序。

在"目的"部分，《通报》表示，本文件是由军事专政政府制定，目的是防止媒体被利用，成为破坏国家重建计划、共和制度和国家利益的武器。周期性刊物是影响力最大、效率最高的媒体，因此军事专政政府希望审查委员会能够利用它们来重塑国家的道德思想，重建国家的经济，剔除其他任何不在法定范畴内的政治和宗教诉求。《通报》说，审查委员会对于重塑和净化社会道德是不可或缺的，因此必须遵循严格的原则。删除并不是对报刊的惩罚，而是进行指导。而报刊需要接受这种指导，避免被全篇删除的危险。通报还不无虚伪地表示，鉴于军事专政政府是一个合法的、坦诚的政权，因此希望民众能够温和地对政府提出批评。同时，媒体享有新闻自由，但是这种自由必须跟本《通报》的精神相符。

《通报》还说，国家的道德力量以及国家逐渐壮大的事业不能被错误的理论和犯罪行为破坏。因此，作为信息渠道的报刊，应当减少这些内容的发布。国家的重建依赖葡萄牙各行各业对国家事业的热爱，这种热爱需要媒体去维护，而不是去破坏。报刊要让大众冷静下来，忘记仇恨和激情，指引所有葡萄牙人去做对国家有益的事情。对舆论的警示会破坏社会的稳定和秩序，如果报刊这么做，那就是对其权力的滥用，同时忘记了自己的责任。明智的报刊，将会有助于警察的执法和管理。

与此同时，报社经常接到审查委员会的通知电话，有些是提醒他们，某些新闻或者评论需要接受预审才能发布；一般这种情况下，被提到的新闻或者评论不会被满篇删除；有些电话是要求报纸必须刊登某位部长的发言；有些是提醒报纸在发布某些严重事件的新闻时，应当依照政府解读的口径，例如1937年的萨拉查遇袭事件[①]。

报社和审查机关之间的接触也会带来相关的指示。有些时候，当内容被

---

[①] 1937年7月4日上午10点左右，萨拉查前往教堂做弥撒，途中遭遇炸弹袭击。爆炸造成交通混乱，但是萨拉查本人并未受伤。

删除后，报纸的负责人会打电话质问，而这种质问有时候会带来意想不到的效果，被删除的部分又被重新批准发布。不过大部分情况下，审查机关还是会维持自己的判断，在少数情况下，它们会做出让步，让部分删除的内容重新发布，或者把相关的内容放在不显眼的位置，抑或换个标题发布。

## 三、萨拉查与卡埃塔诺权力交接之后的报刊

### 1."自由化"

1868年9月26日，葡萄牙发生了政权更迭，对于葡萄牙的媒体来说，自然也会受到一定的影响。萨拉查因为中风，无法继续执政，人们普遍认为葡萄牙将经历一场政治风暴。但是，随着马塞罗·卡埃塔诺上台，人们又希望新政府能给葡萄牙带来一些新气象。新领导人上任后的讲话向全国传达了这样的讯息：葡萄牙将建立一个新的政权。在这个政权里，人们渴望的自由将会被重建，相互之间的容忍可以化解一切仇恨。马塞罗·卡埃塔诺的这些讯息让葡萄牙人普遍认为，该国的政治生活将迎来一个全新的时代。

那段时期，媒体在不断地解读马塞罗·卡埃塔诺的讲话，有些内容被重复很多遍。还有一些媒体解读舆论对于新政府的信心。总之，媒体强调的是葡萄牙将经历一场"自由化"的变革。

无论是相信还是怀疑这种"自由化"，葡萄牙媒体在风格上还是有所变化。它们开始用各种比喻手法来传达信息，这种方式在葡萄牙的历史上比较少见。1968年10月，在内政部长的发言中使用了"政治春天"的词语，此后，这个

马塞罗·卡埃塔诺

词语很快在各大媒体中被广泛使用。伴随一些常用词语来隐喻局势，例如"燕子""花朵""多云""少云"等。而审查机关对于这些词语的使用也没有太多干涉。

葡萄牙媒体的另一个变化是，"新形式"的政府给媒体留出了一片批评政府的空间，尽管这个空间还很小。在马塞罗上任的第一天，他允许记者进入他的办公室，这在萨拉查时期是绝对不可能的事情。媒体当然不会放过这个机会，尽可能详尽地描述这次特殊的访问。此外，在1968年末，媒体上出现了马塞罗和一些部长的漫画形象。

不管怎样，针对政府的批评之声，或者是关于政府的讨论相比此前多了不少。教育领域的问题开始成为媒体关注的焦点，同时《里斯本日报》也开始发布一些关于工会运动的消息。来自国外的消息一般情况下也不会被删减，甚至还允许刊登国外媒体的评论，这一点与萨拉查时代的新闻审查标准有着天壤之别。

**2.《新闻法》**

1969年3月初，在接受巴西《圣保罗州报》（*Estado de S. Paulo*）采访时，马塞罗·卡埃塔诺第一次提出，葡萄牙需要一部新闻方面的法律。葡萄牙媒体十分关注，尤其是可能出台的《新闻法》。他们认为，一部新闻法的诞生意味着新闻的随意性和自由性将会被限制。尽管如此，一些报纸的编辑却莫名地欢迎这部《新闻法》的到来，因为他们认为这部《新闻法》应该会有别于之前的法律。不过，当进行投票的时候，《新闻法》却招来了巨大的反对声，新闻界普遍认为，该法将破坏政治民主。

萨拉查在其执政期间认为，媒体对其施政起不到重要作用，于是对媒体采取了高压的态势，以防止各种"旁门左道"影响葡萄牙的社会。而在马塞罗·卡埃塔诺时代，他曾不止一次表示，一部《新闻法》要比新闻审查制度好，因为他认为新闻媒体可以服务于他的统治。

1970年3月，《新闻日报》再一次提到了可能颁布的《新闻法》。而这一年的12月2日，政府向国会提交了一份《新闻法草案》。不过，早在4

月22日，议员萨·卡尔内罗（Sá Carneiro）和弗朗西斯科·平托·巴尔塞芒（Francisco Pinto Balsemão）已经提交了一份带有18条款的《新闻法草案》。根据葡萄牙《宪法》第108章的规定，任何草案都需要首先提交给下议院（Camara Corporativa）审查，由下议院出具一份评估。为了对两份草案进行评估，下议院召集了数次会议，参会的人员包括当时的波尔图大学校长索萨·佩雷拉（Sousa Pereira）、里斯本科学院院长阿莫林·费雷拉（Amorim Ferreira）、葡萄牙历史学院代表多明戈斯·多斯·桑托斯（Domingos dos Santos）、科学研究院代表莱特·平托（Leite Pinto）、各种媒体的代表以及葡萄牙记者工会代表安东尼奥·帕切科（António Pacheco）和席尔瓦·科斯塔（Silva Costa）。

1971年6月16日，经过讨论，众议院针对两份草案撰写了一份长达90页，总共10万字的评估报告，提交至国会。该评估报告更倾向于政府提出的《新闻法草案》，认为政府提交的草案可以作为未来《新闻法》的基础，未来的这部《新闻法》将规范媒体的架构，保护媒体的尊严。7月27日到8月9日，葡萄牙国会先后共举行了10次会议讨论这部《新闻法》，有时候甚至挑灯夜战。经过国会的讨论和众议院立法与编校委员会的小幅修改后，《新闻法》于10月19日全文刊登在《会议日报》（*Diário das Sessões*）上，从11月5日开始，《新闻法》进入了公示期，编号5/71。到了1972年5月5日，即公示期结束日，《政府日报》（*Diário do Governo*）发布了第150/72号政令，其中包含了第5/71号法令，即《新闻法》的内容。根据其第130条的规定，该政令于1972年6月1日正式实施。而5月26日，葡萄牙政府还配合发布了有关媒体服务注册的第303/72号法令。

根据当时政令，如果国家处于戒严或者紧急状态，或者在任何地区发生颠覆国家的严重事件时，所有的文字和图片必须经过预先审查才可发布。除此之外，还有一些信息是禁止发布的，例如破坏社会秩序、颠覆政权的宣传、泄露国家和政府机密的行为、唆使犯罪的内容等。政令还规定了媒体公司或者个人媒体机构成立的条款，包括机构必须设在葡萄牙境内，经理或负责人必须是居住在本国的葡萄牙人，公司的大部分股权归葡萄牙人所有等。任何报刊都必须在信息总局登记注册才能发行，注册请求在递交之日起 60 日内处理。

# 第七章 "石竹花革命"结束初期葡萄牙报刊的发展

CHAPTER 7

综合来看,"石竹花革命"后的葡萄牙报刊发展可以分为两个时期:独裁制度结束,曾经从属于旧政权的报刊被国有化;20世纪80年代末期,曾经被国有化的报刊再次被私有化,媒体系统全面开放,国家级传媒集团地位巩固。

## 一、"石竹花革命"结束初期报刊的发展

葡萄牙历史上,每当专制政权被撼动,媒体总会扮演着重要的角色,而每当专制政权倒台后,媒体也总会迎来一次井喷式的发展。1974年4月25日,"石竹花革命"(Revolução dos Cravos)(又称"康乃馨革命""4·25革命")爆发,历时42年的葡萄牙独裁政府倒台,这曾是欧洲历史上持续时间最长的独裁政府。葡萄牙的媒体自然迎来了又一个发展时机。一年时间,市面上出现了8种新的周报、两种日报、9种党派报纸和一百多种各式各样的周期性刊物。1975年,葡萄牙登记在案的记者有157人,随后的几年,人数不断上涨。

石竹花革命

然而，在 1974 年到 1975 年间，进入媒体行业工作还是很困难的，需要经过非常严格的政治审核程序，因此人们在选择职业的时候，往往把媒体作为第二选择。与此同时，在欧洲很多国家已经颁布媒体职业道德很多年后，葡萄牙的媒体职业规范一直都没能出台。直到 1976 年 9 月 13 日，葡萄牙才发布了第一份有关媒体职业道德的文件，而这个文件非常程式化和理论化，1993 年被新出台的文件取代。

"石竹花革命"后，葡萄牙政府由军人暂时管理。1975 年 3 月 15 日，葡萄牙右翼势力发动政变，但是未能成功。此后，葡萄牙政府开始了国有化进程，包括银行、保险公司，当然也包括媒体，尤其是那些影响力和发行量大的报纸，例如《首都报》（*A Capital*）、《大众日报》《商业报》（*Jornal do Comércio*）、《里斯本日报》（*Diário de Lisboa*）等。还有一些报纸在革命之前依赖于银行提供资金维持生计，因此当银行被收为国有后，这些媒体自然成为国有媒体，其中就包括著名的《新闻日报》。国有化进程对于报纸的编辑和导向产生了一定的影响。尤其是分属各党派的报纸相互间产生争斗。

当时葡萄牙最大的两份报纸是《世纪报》和《新闻日报》，这两份报纸十分坚定地拥护政府以及当时的总理瓦斯科·贡萨尔维斯（Vasco Gonçalves），支持葡萄牙共产党（PCP）的一切动议。总的来说，这两份报纸都是完全符合"武装部队运动"（Movimento das Forças Armadas，简称 MFA）①和葡萄牙共产党的理念，因此着重报道所有公共组织、工人委员会和总理的新闻，而那些"无关革命"的消息，它们都会放在次要的位置。

《新闻日报》是当时葡萄牙发行量最大的报纸，每天的发行量在 10.68 万到 12 万份，大报版式，每期 16 页，外加一份 8 页的副刊。同时它也是当时最权威的、带有官方色彩的报纸。诺贝尔文学奖获得者，同时也是《新闻日报》的副主编若泽·萨拉马戈（José Saramago）曾经表示："《新闻日报》应当成为葡萄牙人民手中建设社会主义的工具……任何不想从事此事业的人士最好放

---

① 又称"尉官运动"，由一批中下级军官组发起，"石竹花革命"的发起组织。

萨拉马戈

弃《新闻日报》。"

从 1974 年 6 月 25 日起，若泽·里贝罗·多斯·桑托斯（José Ribeiro dos Santos）和若泽·卡洛斯·瓦斯孔塞洛斯（José Carlos Vasconcelos）分别担任报纸的主编和副主编。1975 年 3 月 31 日，两人离开报社。路易斯·德·巴罗斯（Luís de Barros）和若泽·萨拉马戈开始担任主编和副主编，一直到当年的 11 月 25 日。在后两人担任报社领导期间，《新闻日报》发生了一场内部危机，当年夏天，24 名记者集体辞职，转投另一家新成立的、倾向于社会党（PS）右翼的早报《日报》(O Dia)。

在担任报纸的主编后，巴罗斯表示："《新闻日报》应当学习'武装部队运动'的勇气和毅力来捍卫葡萄牙人民的利益，在革命的路上继续前进，使用新闻自由来争取更多的自由。"随后的几个月里，《新闻日报》的运作就是按照这个宗旨来进行。它将自己的观点融入现实事件中，引导公众解读事件，有时候甚至一些立场与之相左的报纸也会赞同它的观点。

《世纪报》的总经理是阿德利诺·塔瓦雷斯·达·席尔瓦（Adelino Tavares da Silva）。该报报道事件的观点和方式跟《新闻日报》十分一致。在报道政府的工作时尤为卖力。例如 1975 年 6 月 2 日的头条就是总理瓦斯科·贡萨尔维斯从北约会议返回葡萄牙，各党各派，甚至总统科斯塔·戈麦斯（Costa Gomes）都去机场迎接他的场景。报道从第一页一直延续到第三页，还有多张照片。不过，虽然在报道上风风火火，但是报社的内部却出现了问题。由于对阿德利诺·塔瓦雷斯·达·席尔瓦和报社主编若阿金·贝尼特（Joaquim Benite）十分不满，报社员工举行会议，经过讨论，于 10 月 27 日罢免了两人，这一行动标志着报纸风格的转变。

在反对党派阵营，《快报》(Expresso) 成为反击左派的有力武器，也是葡萄牙社会民主党（PPD）的第一份党报。该报每周发行一期，每期的发行量介于11万到13.5万之间。在大部分人希望国家沿着社会主义道路发展的时候，该报自始至终保持着中右路线。除了发布事件信息，该报同样会发表自己的意见和看法。报纸拥有大批读者，在1975年11月和1976年1月间，由于需求太大，报纸变成每周两期。

1975年5月，"《共和国报》事件"爆发，导致社会党退出第四届临时政府，由此引发了葡萄牙政坛又一次危机。《共和国报》是4·25革命前为数不多的私有报纸，在自由主义革命中起到了重要的推动作用。70年代初，《共和国报》股权发生了变化，一群"葡萄牙社会行动组织"（反对党社会党的追随者）的成员在三千多小股东中成了报纸的多数股东，拉乌尔·莱格（Raul Rego）担任主编。从5月初开始，报纸的亲社会党倾向让报社的工人协调委员会（代表印刷和行政服务人员）与编辑部和管理层的矛盾越来越突出，最终导致了5月19日"《共和国报》事件"的爆发。当天，工人协调委员会宣布停止工作，并且包围了报社的大楼。

此后，社会党领导层，包括马里奥·苏阿雷斯（Mário Soares）、萨尔加多·泽尼亚（Salgado Zenha）、索托·马约尔（Sotto Mayor）等和社会党党员在报纸大楼前集会抗议。他们高唱国歌，高呼批评占楼者、葡萄牙共产党、"武装部队运动"的口号。政府希望协调各方来解决危机，但是都未能成功。5月20日凌晨，在军队的保护下，包围大楼的人群被驱散。随后，《共和国报》被官方停办。此次事件被普遍认为是葡萄牙当局对社会党的一次镇压活动。

在《共和国报》被停办一个星期后，编辑部的原班人马在5月29日创办了《共和国事件报》（Jornal do Caso República）。在创刊号上，该报发起了一场行动——"为言论自由而斗争的记者们"。《共和国事件报》存在的时间不长，仅仅发行了10期，而发行的周期也不规律。与此同时，马里奥·苏阿雷斯和萨尔加多·泽尼亚警告总统科斯塔·戈麦斯，如果《共和国报》事件没有解决，社会党的部长将不会回到政府工作。7月6日，革命委员会（Conselho da Revolução)①命令将《共和国报》交还给原先的主人,以缓解社会党人的诉求。但是,当 7 月 10 日报纸复刊后,管理权被移交到了工人的手里,引起了社会党人的强烈不满,也直接导致了社会党退出第四届临时政府。

鉴于当时葡萄牙政府的思想体系,短时间内,《共和国报》不太可能回到社会党人手中,拉乌尔·莱格于当年 8 月 25 日创办了《斗争报》。而《共和国报》一直发行到 1975 年 12 月 22 日。1976 年 1 月 26 日,革命委员会要求工人们把报纸还给原先的所有者,这一个命令在 3 月 4 日得到执行。为了能够维持报纸的名称,《共和国报》在 1976、1977 和 1978 年各出版了一期,每期仅仅两页,主编是拉乌尔·莱格,副主编是维多·迪雷托(Vítor Direito)。《共和国报》,这份曾经在萨拉查独裁时期一直存续的报纸,却在媒体和言论自由得以实现的时候停止发声,这对于创始人安东尼奥·若泽·德·阿尔梅达(António José de Almeida)来说是一个不小的打击。

70 年代末期和整个 80 年代,由于媒体本身的迅速发展,加上当时的经济、政治和社会的进步,葡萄牙媒体迎来了巨大的变化。从那时开始,全国性的新闻公司开始在媒体界划地盘,例如《报》(*O Jornal*)(隶属于 Impala de Jacques Rodrigues 集团)、《控制报》(*Controljornal*)(隶属于 Ferreira &Bento 公司)等。

但是相比于欧洲和美国发达的媒体产业,葡萄牙的新闻产业处于十分落后的状态。用葡萄牙新闻人帕盖特·奥利维拉(Paquete Oliveira)的话说,这种落后的状态是因为葡萄牙本身生产结构和新闻界的职业结构造成的。

## 二、20 世纪八九十年代报刊的发展

20 世纪 80 年代末期,葡萄牙全国各行各业开始了私有化的进程,新闻行业也开始私有化。私有化的过程再一次促进了葡萄牙新闻行业的发展,发起了新的媒体集中化运动,形成了新局面。和"新国家"时期的媒体集中化运

---

① 由"武装部队运动"大会发起成立,目的是保证运动尽快实行,让葡萄牙民众重拾重建国家的信心

动不同的是，这一次的运动中，新闻媒体已经形成了产业。"新国家"时期的运动中，为报纸提供资金支持的财团目的是将新闻媒体变成传播政治影响和意识形态的工具，而80年代末90年代初的运动中，媒体集团开始把新闻资源变成商品，谋求利益。

20世纪90年代，葡萄牙的报刊表现出了极大的活力，不断地有出版物诞生和消亡，这一现象在杂志上尤为明显。这一时期，国家给予媒体的资金支持越来越少，报刊更多的是依赖市场的力量。1986年，葡萄牙加入欧共体（欧盟的前身），这一事件也促进了葡萄牙各方面的变化和改革，例如，在欧共体的"压力"下，葡萄牙加快了一些行业的私有化，新闻行业也在其中。因此，社会经济的变革成了新闻媒体发展肥沃的土壤。1987年，葡萄牙有了历史上第一个多数派政府，政治的稳定促进了经济的发展，广告需求不断扩大，大好的形势促进了一些报纸巨头的诞生（例如《公众报》（*Público*）和《独立报》），也增加了人们对媒体界投资的信心。在阿尼巴尔·卡瓦科·席尔瓦（Aníbal Cavaco Silva）领导多数派政府时期，报纸重新回归私有化。当时的葡萄牙新闻国务秘书路易斯·马尔克斯·门德斯（Luís Marquês Mendes）表示，1987年到1993年间，葡萄牙媒体经历了巨大的变化，曾经属于国家的媒体重新回到了社会。

随着人们生活水平的提高，购买力的增加，葡萄牙出现了一些针对特定群体的出版物或者副刊，其中体育类的报纸尤为突出。葡萄牙比较著名的体育报纸是《球报》（*A Bola*）和

2018年1月21日版的《记录报》

《记录报》(*O Record*)，它们的发行量在葡萄牙报业一直位列前茅。直到90年代末，《新闻报》(*Jornal de Notícias*)才超过体育报纸，占据日报发行量的首位。

随着报业竞争日益激烈，一些没有固定的读者群无法在市场上占据一席之地的报纸被淘汰。比如日报《欧洲报》(*Europeu*)，仅仅发行了几个月。从1987年开始到90年代初，稳定的政局和良好的经济发展给葡萄牙的媒体发展提供了有利的条件和机遇。一些传媒集团的地位更加巩固，例如弗朗西斯科·平托·巴尔塞芒创立的 Impresa 媒体集团、Lusomundo 集团、Sonae 集团等。

80年代以来，强劲的经济发展带来巨大的广告需求，媒体市场也变得异常活跃。媒体成了最受投资者青睐的行业。从80年代末开始，葡萄牙的媒体集团开始向多媒体方向发展。同样是在这一时期，外国资本开始进入葡萄牙的媒体市场，葡萄牙的媒体也开始渐渐接受来自外国媒体的影响，进行一些新的尝试。最具有代表性的是 Sonae 集团创办的《公众报》，该报是葡萄牙媒体公司和国外资本联合的典范。西班牙的 Prisa 新闻公司、《国家报》(*El País*)以及意大利《共和国报》(*La Repubblica*)都是《公众报》的小股东。到了1997年，国外的投资者开始成为一些葡萄牙报纸的大股东，例如《报》，它的最大股东是瑞士的 Edipresse，此后该报还与巴西的"四月出版社"(Abril)合资过。

进入90年代后，葡萄牙的晚报业遭遇了下滑，《里斯本日报》和《大众日报》先后停刊。只有《首都报》幸存下来。该报此后被 Impresa 媒体集团收购，2001年，又转卖给西班牙公司"伊比利亚传媒"(Prensa Ibérica)。1991年，《新闻报》和《新闻日报》被出售给了 Lusomundo 集团，该集团拥有了葡萄牙国内新闻类日报的最大市场份额，在销售、广告和读者数量上都独占鳌头。例如在1990年，《新闻日报》的平均日发行量是3.5万，如今，该报的发行量达到了6万。

一些报纸被大型的媒体集团收购以后，开始在排版和商业化上做文章。这些举措对葡萄牙报刊业产生了巨大的影响。随着质量提高，价格降低，读者越来越多，在全国的影响力也越来越大，随之而来的是广告收入的增加。一些隶属于大型媒体集团的报刊将目光投向了市场开发，比如在出售报刊的同时，搭售一些音乐磁带、DVD 和书籍，或者通过各种渠道开展有奖竞赛，吸引读者。

90年代，葡萄牙报刊出现了两种不同的发展模式：一种是趋向小报化、大众化；另一种趋向于大报化，高质化。第一种趋势中的代表性报纸有《大众早报》(*Manhã Popular*)和《24小时报》(*24 Horas*)。第二种趋势中的代表性报纸有Sonae集团的《公众报》，杂志《大报道》(*Grande Reportagem*)、《视野》(*Visão*)等。

葡萄牙纯新闻类的周报在90年代经历了艰难的过程，例如《周报》(*Semanário*)。不过，尽管经历了多次财政危机，但是《周报》一直坚持发行到现在。《独立报》从90年代末开始同样经历了多次危机，但是他们采取了多种方式来保证读者的忠诚度，避免关张，比如发行新的副刊，举办活动等。

Impala集团在消息类杂志中也非常活跃，1999年10月，它们创办了杂志《焦点》(*Focus*)，和《视野》杂志形成了直接竞争。随着时间的推移，杂志市场的竞争越来越激烈，尤其是2004年，Cofina公司发行《星期六》(*Sábado*)杂志后，这种竞争达到了白热化的程度。

随着葡萄牙报刊行业不断成熟，媒体集团或者公司开始重视前期工作。在产品发行前，他们会对报刊的内容、读者接触习惯和可能性、广告商进行研究，形成了自己的发展战略。

葡萄牙报刊行业进入90年代后的另一个重要特点是出现了高度专业化的出版物，针对不同领域的读者，提供对口的内容。这些专业化的出版物主要集中在装饰类、儿童类、教育类、青年类、学生类、计算机类、电脑游戏类、文化类、休闲类、体育类、医药卫生类等。

20世纪的最后20年，葡萄牙报刊行业的飞速发展是其他时期无法比拟的，这种发展除了归功于社会经济的稳定，还依赖于新科技的运用。通过新科技，葡萄牙的报刊行业呈跳跃式发展，省去了媒体发展传统模式中的部分步骤，紧跟发达国家的媒体产业发展水平。

《葡华报》

《葡华报》是葡萄牙第一份中文报纸，创刊于1999年3月8日，逢周二出版，每期发行3000份，范围涵盖葡萄牙南北各地及海岛地区，少量发行到

《葡华报》

周边国家。《葡华报》于1999年4月5日正式出版第一期，最初是一份用A4纸打印的半月刊，名为《葡华通讯》。2001年3月，《葡华通讯》从第48期改版更名为《葡华报》，发展为一张20版的半月刊报纸，报纸质量也有了新的飞跃。2002年，《葡华报》扩改为32个版面的周报，聘请了专职编辑人员。

2006年，《葡华报》从32版扩大到64版，每期发行3000份，在新闻性和趣味性方面也大大提高，报道更加贴近华人读者。2014年，为了顺应市场变化，《葡华报》改版为40版全彩印刷，主要内容板块有："葡萄牙新闻""国际新闻""葡华之声""华夏新闻""经济时空""海外华人""体育新闻"等。2017年6月，《葡华报》成为中国—葡萄牙直飞航班上唯一葡萄牙本土出版发行的中文报纸。

《葡华报》目前隶属于葡萄牙环球伊比利亚传媒有限公司（Ibéria Universal Lda.），其创始人是来自中国浙江青田县的詹亮，目前担任环球伊比利亚传媒有限公司总裁，兼任《葡华报》报社社长。

## 三、进入21世纪后报刊的发展

### 1. 媒体战略的提升和利益的追求

为了更好发展，葡萄牙的媒体集团或公司更多的开始思考战略以及在市场上的定位。从 2000 年开始，葡萄牙的媒体集团或公司把更多的精力投入到管理和公司战略定位上。其实所有营利性的报业公司和集团的目标在本质上都是一致的：降低成本和寻求利益最大化。如此一来，它们开始努力地提高盈利能力，这也是衡量经济效益的一杆标尺。许多公司和集团开始更加看重效益。这种趋势也提升了葡萄牙媒体产业的集中度。进入 21 世纪以来，媒体界的一些兼并和合并促成了大型媒体集团的产生，这些媒体集团如今占据了葡萄牙媒体的大半江山。不过，随着电视的快速发展，报刊上的广告不断下滑。据调查公司 Marktest 的数据，2001 年，报刊的广告份额占 21%，2002 年占 19%，2003 年占 18.7%。而电视广告份额逐年稳增，平均在 66% 左右。

随着媒体行业集中度的提高，一些媒体公司开始采取新手段来促进增长，其中值得我们注意的是受众忠诚度的维持策略，包括内容的细分，增强针对性；拉近和受众距离，视受众为伙伴而非顾客；认可受众的专业度。一些公司采取了电子化的战略，将内容通过互联网传播。与此同时，一些传统的方式并没有被放弃，如发放小礼品，组织竞赛等。

虽然全国性的报纸在蓬勃发展，但是葡萄牙地方性报纸的发展却不尽如人意。其主要原因是缺乏一个有效的公司管理模式和几乎不存在市场营销策略。这一问题引起了政府的注意，也让政府意识到，必须发布一系列的政策，以促进地方媒体的公司化发展。

**2. 媒体集中化**

上文提到的集中化现象是葡萄牙媒体进入 21 世纪以来的一大发展。葡萄牙的报刊市场被四大集团占据，它们是：Cofina、Lusomundo、Media Capital 和 Impresa。21 世纪以来，这四大媒体集团开始尝试多媒体，涉足电视和互联网行业。不过也有的集团坚持报刊，例如 Impala 集团。

集中化对媒体的发展具有促进作用，具体表现在业务的快速扩张、成本和风险的降低。但是这种集中化也存在风险，因为通过兼并、合并实现的集中化把媒体集团变成了一个"蜘蛛网"，在这个网里，明确到底谁控制谁，谁说的算，成了集团的一大挑战。一旦出现战略失误，这种集中化行为就会失败。

媒体的集中化还体现在发行量上。以 2003 年为例，新闻类报纸的发行量集中在 Cofina 和 PT Multimedia/Lusomundo① 这两个媒体集团。而 PT Multimedia/Lusomundo 集团的《新闻报》《24 小时报》和《新闻日报》的平均日发行量总计为 19.7 万。这两个媒体集团在报刊市场上占据了绝对份额。

### 3. 葡萄牙报刊市场的现状

根据"葡萄牙媒体研究协会"（Observatório de Comunicação）2017 年 7 月发布的报告《葡萄牙报刊——运营表现与指数（2008—2016）》显示，由于受到互联网的影响，越来越多的人选择在线阅读。如今的葡萄牙报刊市场在持续走下坡路，收费报刊的发行量在这一期间不断下滑。在葡萄牙总共 132 份报刊中，只有 14 份发行量上升。这 132 份报刊在 2008 年的总发行量为 1130342 份，但是到了 2016 年，只剩下 697521 份②。可以说，目前葡萄牙的报刊市场并不景气。

目前在葡萄牙发行量最大的报纸是《晨邮报》（*Correio da Manhã*）。2008 年到 2016 年期间，《晨邮报》的年发行量能够达到 15 万份，最高发行量达到了 16.67 万份（2011 年），《快报》位列第二。

## 四、百年报刊

2017 年 11 月 2—4 日，葡萄牙新闻协会在阿威罗市举办了第十三届年会，会上展出了部分在葡萄牙存在百年以上的报刊，本章节将会挑取部分报刊进行介绍。

### 1.《东方亚速尔人报》（*Açoriano Oriental*）

《东方亚速尔人报》创刊于 1835 年 4 月 18 日。这是葡萄牙目前存在年代最久远的报纸，也是亚速尔群岛上最大的报纸。当时，葡萄牙正在围绕是否修改《大宪章》进行争论。若泽·玛丽亚·瓦斯孔塞洛斯（José Maria Vasconcelos）和曼努埃尔·安东尼奥（Manuel António）创办了该报。而后者被公认为是亚速尔群岛上

---

① Lusomundo 当时隶属于葡萄牙电信公司（PT）
② OBERCOM. A Imprensa em Portugal— "Desempenho e indicadores de gestaão（2008—2016）"

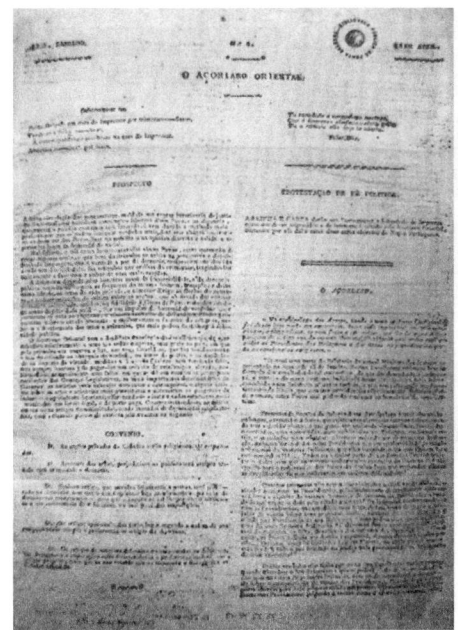 

1835 年 4 月 18 日的《东方亚速尔人报》　　2017 年 2 月 13 日的《东方亚速尔人报》

的第一名记者。今天的《东方亚速尔人报》风格和版式形成于 1979 年初。随着影响力越来越大，报社的收入也比较稳定。

### 2.《新闻日报》

在葡萄牙历史上，只有两家大陆报纸跨越了两个世纪，《新闻日报》就是其中一份，另一份报纸是《新闻报》，两份报纸目前都隶属于环球传媒集团（Global Media）[①]。从 19 世纪开始，《新闻日报》便开始向葡萄牙民众介绍本国和世界上发生的各种事件。可以说，1864 年创刊的《新闻日报》见证了葡萄牙历史的变迁，从"第一共和国"到独裁政府，再到"石竹花革命"，《新闻日报》随着不同的历史事件，不断地重生发展。

### 3.《佩纳菲耶尔人报》(O Penafidelense)

这是波尔图大区最早的报纸，也是葡萄牙最古老的报纸之一。该报创刊于 1878 年 1 月 1 日。该报定位为"政治、文学和消息"类报纸。现在该报每

---

① Lusomundo 集团 2005 年被葡萄牙电信公司出售给环球传媒集团

1864年11月29日的《新闻日报》

2017年4月16日的《新闻日报》

1878年1月1日的《佩纳菲耶尔人报》

2017年2月23日的《佩纳菲耶尔人报》

周出版两期，逢周二、五发刊。《佩纳菲耶尔人报》是一份独立的报纸，不隶属于任何政党、机构或者组织。

**4.《新闻报》**

1888年6月2日，《新闻报》诞生于波尔图市。在葡萄牙历史上几次政局不稳的阶段，《新闻报》曾经数次停刊，但最终还是坚持到了今天。《新闻报》是一份综合性的报纸，报道的内容有政治、社会、文化、本地社区等，其发行量一直在波尔图地区排名第一。随着新媒体时代的到来，《新闻报》也开始走上了数字化的道路。

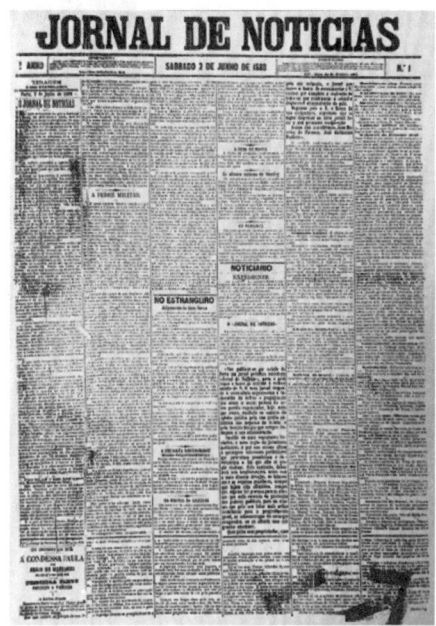 

1888年6月2日的《新闻报》　　　　2017年4月16日的《新闻报》

## 五、通讯社的发展

葡萄牙的第一家新闻通讯社诞生于1944年，名为卢济塔尼亚新闻社（Agência Noticiosa Lusitania），简称卢济塔尼亚社。1947年，葡萄牙出现了另一家通讯社——消息新闻社（Agência Noticiosa de Informação，简称ANI），之后更名为葡萄牙新闻社（Agência Noticiosa Portuguesa，简称 ANOP）。

由于经济困难以及其他一些问题，葡萄牙政府 1982 年决定关停葡萄牙新闻社，扶植成立葡萄牙消息社（Notícias de Portugal，简称 NP），区别于前两家通讯社，这是一家私营的通讯社。但是关停葡萄牙新闻社的决定被总统马里奥·苏亚雷斯（Mário Soares）否决，于是到了 1986 年，葡萄牙新闻社和葡萄牙消息社同时关闭，成立了卢萨通讯社（Agência Lusa）。

卢萨通讯社

1986 年 11 月 28 日，卢萨通讯社（Agência Lusa）成立，它是葡萄牙现今最大的新闻通讯社，同时也是葡语国家中最大的新闻通讯社。

卢萨通讯社标志

卢萨通讯社目前有近 300 名记者，同时在世界各国和各地区设有记者站或者代表处，分布在比利时、西班牙、德国、英国、法国、卢森堡、俄罗斯、爱沙尼亚、几内亚比绍、佛得角、安哥拉、莫桑比克、印度、圣多美和普林西比、南非、阿尔及利亚、东帝汶、中国[①]、巴西、委内瑞拉、美国、加拿大和澳大利亚。

卢萨通讯社向报纸、广播和电视台提供新闻类服务，同时也向分布在全世界各地的社交媒体提供信息。除了向葡萄牙本土媒体提供新闻，卢萨通讯社还有一项重要的工作就是为非洲葡萄牙语国家提供资讯。2010 年 1 月 30 日，卢萨通讯社开始采用《1990 年葡萄牙语新正字法协议》（Acordo Ortográfico da Língua Portuguesa de 1990）[②] 撰写稿件。

---

① 设在北京和澳门特别行政区。
② 葡语国家在单词拼写上存在一定的差异。为了消除这种差异，1990 年 12 月 16 日，葡语系国家在里斯本签订了《1990 年葡萄牙语新正字法协议》，目的是增强葡萄牙语在不同国家使用的统一性。2009 年，该协议在葡萄牙正式生效。

# 第八章 葡萄牙广播初期发展
CHAPTER 8

葡萄牙最早的、真正意义上的广播出现在20个世纪20年代。不过早在1902年前后,葡萄牙已经出现了一些广播的痕迹。那个时候,在报刊受制于政府管制的背景下,广播在葡萄牙开辟了一条新的传播途径。

## 一、广播诞生初期的发展（1878—1934）

1878 年，葡萄牙的教授阿德里亚诺·德·帕伊瓦（Adriano de Paiva）在《学院》（*O Instituto*）杂志上发表了一篇题为《电话、电报和望远镜》（*A telefonia, a telegraphia e a telescopia*）的文章。这是葡萄牙第一次有学术文章提到电报，对未来葡萄牙广播的产生奠定了一定的理论基础。1900 年，葡萄牙上尉爱德华多·佩纶（Eduardo Pellen）在军事杂志《军队与武装》（*Revista do Exército e Armada*）发表了一篇有关无线电报的文章，阐述了无线电报在战争中的使用。

1901 年 2 月 12 日，《新闻日报》刊登了有关无线电报的文章，希望政府能够采购马可尼（Marconi）制式或者相似的无线电报设备，用于航海和商业。政府确实也照做了，但是这些设备却最终用在军事上。2 月 25 日，根据《世纪报》的报道，法国工程师加尔布莱利（Galbraille）前往里斯本，希望通过特斯拉（Tesla）制式的无线电在美国新泽西和葡萄牙海岸间进行信号传送。但是加尔布莱利的试验是否成功，历史上没有记载。如果试验成功了，那么将早于马可尼 1901 年 12 月 12 日进行的跨大西洋无线电传送。

葡萄牙国内第一次成功的无线电传送于 1901 年 3 月 9 日实现。当时无线电信号实现了在拉波塞拉（Raposeira）城堡和阿茹达高地（Alto da Ajuda）城堡间的传送。8 月 19 日，英国和葡萄牙的舰艇通过无线电也实现了交流。1901 年底，葡萄牙政府通过了无线电主管部门——邮电局的章程，同时规定只有政府才能进行无线电报方面的试验。

1902 年，葡萄牙邮电局又进行了几次无线电报的试验，包括在卡斯卡伊斯海岸实现了与舰艇"堂·卡洛斯"（D. Carlos）号之间的信息传送。1903年，葡萄牙商船"葡萄牙号"安装了斯拉比·阿科（Slaby-Arco）牌的无线电报机，成了第一个使用无线电设备的民用船只。1905年，葡萄牙邮电局和"东方电报公司"（Eastern Telegraph）签订了一份临时合同，在亚速尔群岛安装无线电报设备。这一合同直到1907年才正式生效。同年，第一本关于无线电报的书籍——《无线电报》（*Telegrafia Sem Fio*）在里斯本问世，作者是阿玛德乌·瓦斯孔塞洛斯（Amadeu Vasconcelos）。1908年，葡萄牙政府颁布了一部法律，禁止无线电报与国外对接。

第一次世界大战期间，葡萄牙无线电报务员阿尔贝托·卡洛斯·德·奥利维拉（Alberto Carlos de Oliveira）成了南太平洋的英国左派军队和伦敦的海军部的桥梁。那些通过海底电缆传送到佛得角的信息，都通过无线电报发给了英国左派军队。当葡萄牙卷入第一次世界大战后，几乎每个军队都配备了无线电报设备和专门的操作员。

这一段时间，受国外影响，葡萄牙人也开始对广播这个新鲜的事物产生了浓厚的兴趣。人们开始通过各种方式尝试接收来自国外的信号，收听国外的音乐会。但是当时葡萄牙蒙桑托电报局（Posto Telegráfico de Monsanto）的信号十分强大，严重干扰了来自国外的信号。1902年，里斯本理工学校（Escola Politécnica de Lisboa）的一名学生尝试通过无线电报（TSF）的方式接收广播。如前文所述，在那个时代，个人是禁止使用无线电设备的，这一行为很快被警察发现。警察逮捕了他，并且没收了所有设备。

1910年葡萄牙王室被推翻，"第一共和国"成立，媒体环境变得宽松许多，广播也迎来了机遇。1914年，里斯本人费尔南多·卡尔德略·德·梅德罗斯（Fernando Cardelho de Medeiros）开始了葡萄牙广播电台的第一次尝试。他使用无线电发射机进行广播："在吗？听得见吗？"而广播的唯一"听众"罗梅利洛博士（Dr. Lomelino）在100米外的一个铅矿里收到了信号。之后，在他的生日，也就是4月24日，他通过无线电播放了一段音乐，这次有三个人听到了他的"节目"。但是后来他放弃继续开发广播电台，其中的原因到今天也

马可尼

没被揭开。

1911 年，葡萄牙成立了国家邮电总局（Administração Geral dos Correios e Telégrafos），由它来向无线电报务员颁发工作许可。1912 年，阿尔贝托·卡洛斯·德·奥利维拉成为第一个被官方许可的业余无线电报务员。他当时工作的地点在佛得角首都普拉亚。同年 5 月 22 日，无线电报通信创始人伽利尔摩·马可尼（Guglielmo Marconi）来到里斯本，和葡萄牙政府商议建造数个无线电报站。

1914 年到 1918 年间，无线电报的发展还处于摇篮期。此时另一名无线电爱好者若昂·阿尔弗雷多·佩索阿（João Alfredo Pessoa）开始探索使用无线电报发射信号。而一些葡萄牙的广播爱好者开始组建小型团体，开发广播。1917 年，若泽·若阿金·索萨·迪亚斯·德·梅洛（José Joaquim Sousa Dias de Melo）获得了政府颁发的无线电报站执照。梅洛的无线电发射站名为"P1PS"，在获得执照后，改为"P1AB"。

紧随若泽·梅洛的脚步，葡萄牙又出现了很多小型的广播发射站（posto emissor）。它们的受众范围很小，一般是针对一个社区或者一个群体。播出时间不定，完全看主人是否有空。因此还不能被称为真正意义上的广播电台。虽然不是电台，但是它们的名字都带有"电台"字样。这段时间出现的广播发射站有：向导电台（Rádio Guia）、公园电台（Rádio do Parque）、里斯本电台（Rádio Lisboa）、海岸电台（Rádio Beira-mar）等。

1918 年，里斯本高等技术学院的学生费尔南多·桑托斯·平托（Fernando dos Santos Pinto）用自己的名字成立了一个小型发射站，执照编号为"P1AI"。但是由于随后葡萄牙政局不稳，电台被一些造反派查封，停止广播。在波尔图，儒利奥·席尔瓦（Júlio Silva）建立了第一个发射站，主要是向同事广播。

1919年，若昂·弗雷德里克·儒迪斯·德·瓦斯孔塞洛斯（João Frederico Júdice de Vasconcelos）[①]和作家阿尔比诺·伏尔加斯·德·桑帕约（Albino Forjaz de Sampaio）在里斯本的蒙桑托山上架设了一个无线电报站，播放讲话和音乐。

1922年6月2日，马德拉群岛上建立了第一个无线电报站。该电报站位于首府丰沙尔。在正式成立前的一天，电报站工作人员跟150英里外的一艘英国蒸汽船和400英里外的一艘葡萄牙船只建立了联系。此外，电报站还接通了一家位于西班牙拉斯帕尔马斯（Las Palmas）的电报站。9月22日，葡萄牙政府通过了1353号法令，批准英国的马可尼无线电报有限公司（Marconi's Wireless Telegraph Company Limited）在葡萄牙建立无线电报站。于是，该公司垄断了葡萄牙无线电报市场，但是作为条件，葡萄牙政府要求马可尼公司必须在葡萄牙成立一个分公司，来开发葡萄牙市场。

1923年，阿比利奥（Abílio）兄弟在波尔图成立了广播、声音、电力与电影工作室（Oficinas de Rádio, Som, Electricidade e Cinema，简称"ORSEC"），这个工作室起初是出售电气设备，之后在30年代，开办了ORSEC电台。9月，在里斯本成立了第一个无线电报爱好者学会——广播学会（Rádio Academia）。

1924年对葡萄牙广播来说是一个多事之秋，这些事件同时也为葡萄牙的广播带来了些许变化。2月10日，由于邮电行业工人罢工，葡萄牙政府决定向民间开放军用无线电报服务。位于布拉加、辛德拉、埃武拉、里斯本、波尔图、桑塔兰和维拉利尔的无线电站在11点到18点间可以开放民用。而在波尔图的广播、声音、电力与电影工作室，曼努埃尔·奥利维拉（Manuel Oliveira）创建了一个中波发射站。5月，托雷斯·维德拉斯俱乐部广播协会（Rádio Clube de Torres Vedras）创立。该协会成立的目的是收听来自国外的规律性广播。

9月30日，阿比利奥·努内斯·多斯·桑托斯（Abílio Nunes dos Santos）创建了里斯本电台（Rádio Lisboa），编号"P1AA"。当时的节目处于试验期，

---

① 此后曾担任1925年成立的马可尼无线电葡萄牙公司第一任总经理

阿比利奥·努内斯·多斯·桑托斯

无规律性可言。1925年3月1日，更名为葡萄牙电台（Rádio Portugal）。当天，葡萄牙电台播放了一场音乐会，里斯本的大街小巷，居民的窗户上都放着大大小小的天线，接收电台的音乐。节目受到了听众的广泛欢迎，大获成功。

随着葡萄牙越来越多的人对无线电报产生兴趣，1924年11月9日，专业类杂志《葡萄牙无线电报》（T.S.F. em Portugal）创刊。而在邻国西班牙，一年前已经有了一本相似的杂志，叫作《无线电报》（Telegrafia Sin Hios）。11月24日，商业性的里斯本电台开始广播，主人是爱德华多·迪亚斯（Eduardo Dias），主要播放音乐和讲座。此外，它们还效仿葡萄牙电台，转播了一场音乐会。

在这一年，葡萄牙广播学会产生了内部分歧，为此，一些广播业者退出了该学会，另立门户，成立了葡萄牙无线电报爱好者协会（Sociedade Portuguesa de Amadores de T.S.F.）。同样是在这一年，报社开始通过无线电接收外国的消息，例如著名的《世纪报》。

总的来说，上述发射站只能算是葡萄牙广播电台的雏形，它们当中的大部分仅仅是无线电爱好者的作品。发射站一般被设置在简陋的场所，甚至是在卧室里。设备也比较差，有的只能勉强进行节目发射。但是它们的主人都是凭着这股热情，自掏腰包来搭建发射站。

然而，1925年，邮电局下令查封所有的小型发射站，包括里斯本电台在内的一批广播发射站被关闭。邮电局给出的理由也很坚决：这些发射站会针对4月18日的政变事件向国外发出错误的消息。而这些小型的发射站也给出了自己的解释：它们的发射功率非常小，连国家的边境都达不到，更谈不上国外。它们不是地下电台，都曾经进行过相应登记，虽然没有获得邮电局颁发的执照。

面对这样的情形,葡萄牙无线电报爱好者协会跟政府做了大量的工作。最终在 7 月 2 日,国家安全警察解除了这些广播发射站的封条,让它们继续广播。而在这一年的 6 月 30 日,葡萄牙广播学会最终解散。

葡萄牙广播史上公认的第一家真正意义上的电台就是前文提及的葡萄牙电台。1925 年 10 月 25 日,该台开始规律性地播出节目,从发射站转变成了电台。编号也被邮电局从发射站时的"P1AA"改为"CT1AA"。葡萄牙电台能覆盖方圆 40 公里的地区。随着技术的增强,葡萄牙电台的覆盖范围开始慢慢延伸至全国,甚至能够通过中波和短波延伸至国外,比如欧洲、北美、南美、非洲等地的部分国家。葡萄牙电台一般播放古典音乐节目,很多节目都是从音乐厅直接转播出来的。在工作日的晚间和周末的下午,电台还会转播定期讲座。

早期广播电台的设备

一些身居国外的葡萄牙人同样积极投身无线电广播。根据《新闻日报》1925年11月7日的报道，身居法国的葡萄牙人爱德华多·贾科梅·迪亚斯（Eduardo Jacome Dias）曾经通过广播向葡萄牙的"粉丝"致以问候。

那个时期，大家非常关注广播技术的革新，比如，如何增加发射功率，提高麦克风质量等。同时还会有一些广播设备的展销会。但是根据1908年7月10日葡萄牙政府曾经颁布的法令，无线电设备的安装必须要得到政府的许可。与此同时，一些外国人也盯上了葡萄牙这块广播的新兴之地。马德里的伊比利亚电台（Rádio Ibéria）就曾希望在葡萄牙建立一个分台，但是被葡萄牙政府禁止。

葡萄牙的小电台主希望联合起来成立广播公司，但是这样的想法被政府否定，葡萄牙电台逐渐噤声。而这个时候，邻国西班牙已经有了14家电台，听众超过10万人。尽管政府对广播电台设置重重障碍，还是有一些小功率的电台坚持广播，如里斯本的伯爵电台（Rádio Condes）、波尔图的理想电台（Ideal Rádio）、波尔图电台（Rádio Porto）等。

尽管电台层出不穷，但是努内斯·多斯·桑托斯的电台最受听众欢迎。该电台不断地影响着葡萄牙民众，也让很多人成了广播爱好者。渐渐地，广播越来越职业化，无线电爱好者的色彩开始慢慢褪去。为了避开气候因素和工业因素的干扰，葡萄牙电台将波长增加到300米，每周播放三次。为了继续提高播出质量，努内斯·多斯·桑托斯前往美国，购买了当时最先进的广播设备。与此同时，葡萄牙电台的竞争对手出现了，里斯本电台在位于里斯本卫星城辛特拉（Sintra）的佩纳皇宫上安装了一根先进的天线，增大了发射功率和覆盖范围。在自身发展的同时，葡萄牙各电台的对外交流也逐渐频繁。许多电台的主人和国外的电台交换收听卡片，目的是让自己的节目传到更远的地方。

1926年，葡萄牙也出现了一些小型的电台，但是都不知名。而这个时期的广播电台节目也不能保证很强的连续性。只有在周末晚间，电台一般会固定播放两到三个小时的节目。每到夏天的时候，电台一般都会停播，因为电台主人需要外出度假。那个时候的广播没有直接的广告，电台主播放节目，目的单纯是为了传播文化。正因如此，广播节目吸引了中高层人士的关注。电台的设备比较昂贵，但是却成了电台主社会地位的象征。因为运营成本不断增加，加上电台主的本职工作越来越忙，很多里斯本的电台停止了广播。而在波尔图，电台的发展却异常迅猛。也就是在这个时期，波尔图电台开播。12月，葡萄牙广播网成立（Rede de Emissores Portugueses，简称REP）。这个组织直到今天依然存在，代表着葡萄牙的无线电爱好者。

1927年，葡萄牙的科因布拉市出现了第一个电台——科因布拉电台（Rádio Coimbra），编号CT1CZ，1928年暂停播出。1929年该台复播，开始播放吉他曲和葡萄牙国粹"法多"（Fado）①。而一直很活跃的广播、声音、电力与电影工作室开始尝试使用短波来播放节目。

这里需要着重提到的电台是1928年在里斯本成立的赫兹雅纳电台（Rádio Hertziana）（编号CT1BO）。该电台每天12点半到14点广播，后来改为晚间10点广播。赫兹雅纳电台开创了广播节目的新形式：新闻＋现场音乐会＋古典音乐＋舞曲。葡萄牙的作家奥尔加·德·莫拉埃斯·萨尔门托（Olga de Moraes Sarmento）在她的回忆录里曾经提及通过广播收听音乐会的记忆。她说："许多葡萄牙的艺术家住在巴黎，但是感觉离我的家很近。"

随着广播的发展，报纸也增加了对广播的关注。《世纪报》在其1929年1月5日的报纸中报道了这样一条新闻："官方电台把CT1AA这个编号给了萨莱丝蒂诺·苏亚雷斯上尉的无线电报试验站"，而CT1AA曾经属于葡萄牙历史上第一个真正意义的广播电台——葡萄牙电台。1929年1月14日，《世纪报》对无线电接收站的所有者提出了警告，从外部接收消息并转发的行为，无论是否收费，都必须赶紧停止，因为根据1919年5月19日政令，这种行为只能由政府来实施。10月，一群广播爱好者在里斯本建立了葡萄牙俱乐部广播（Rádio Clube de Portugal），创始人之一就是民间广播的先行者——费尔南多·卡尔德略·德·梅德罗斯。

---

① 葡萄牙一种抒发悲伤情绪的传统歌曲形式

为了巩固国家在无线电服务中的垄断地位，葡萄牙政府在 1930 年成立了无线电业务处（Direcção dos Serviços Radioeléctricos），隶属于邮电局，后者授权该处购买了一台中波发射机和一台短波发射机。此外，葡萄牙政府再次强调，所有无线电发射服务必须由政府来使用或授权。1 月 27 日，葡萄牙政府发布了第 17899 号政令，该政令成为葡萄牙历史上第一部有关广播的法律。这一年的年初，大部分无线电爱好者开办的电台都被关闭，包括由于广告禁令失去收入的一些商业电台。而葡萄牙政体从"第一共和国"向"新国家"的转变催生了另一批广播人。

1931 年 7 月 24 日，一些电台，或者确切的说是发射站的从业人员成立了葡萄牙广播俱乐部（Clube Radiofónico de Portugal）。1932 年，里斯本又出现了一些新的电台，例如毛罗河电台（Rádio Rio Mauro）（编号 CT1GK）、阿尔坎塔拉电台（Alcantara Rádio）（编号 CT1GL）、葡萄牙俱乐部广播电台（Rádio Clube Português）等。8 月，葡萄牙无线电报爱好者协会宣布解散。这一年，通过无线电，里斯本和波尔图之间的交流越来越多。

1932 年，葡萄牙独裁者、财政部长萨拉查通过军队电台阿茹达电台（Rádio Ajuda）发表了革命胜利六周年①演讲，广播慢慢演变成了政治工具。同年，为了成立一个国家级的广播电台，葡萄牙开始短波发射机的试验。

在这一年成立的电台中，恩宠电台（Rádio Graça）的名气较大。它的所有人阿梅里克·弗朗西斯科·桑托斯（Américo Francisco Santos）是一名藏书爱好者。经过多年的研究，弗朗西斯科·桑托斯掌握了电台的技术，建立了这个 50 瓦的电台。电台节目都是一些简短的问候信息。随后，在一些广播爱好者和当地居民的帮助下，电台搬到了里斯本的格拉萨区（Bairro de Graça），节目除了问候，还增加了音乐。然而狂热的广播爱好者弗朗西斯科·桑托斯并不满足于这个电台，他想架设一台新的发射机。这个愿望很快得以实现。当时努内斯·多斯·桑托斯出售给瓦雷拉·桑托斯（Varela Santos）②一台发射

---

① 1926 年葡萄牙"第二共和国"被右翼军人发动的军事政变推翻
② "上特茹河电台"（Rádio Ribatejo）创始人，努内斯·多斯·桑托斯的好友

机，但是后者无力维护，于是又转卖给了弗朗西斯科·桑托斯。此后，恩宠电台遇到了经济危机，一些当地的居民得知后，成立了恩宠电台联盟，筹集资金保证电台的运转。但是这个联盟并没有存在太多时间，此后恩宠电台暂停广播。直到1949年，恩宠电台才重新回归。它和半岛电台、里斯本之声电台、广播俱乐部电台成立了里斯本联合电台（Emissores Associados de Lisboa），其目的是保证电台的正常播出，并且尽量减少电台维护的开支。

科因布拉的广播界在这一年十分活跃。4月，一些广播听众成立了葡萄牙中心俱乐部广播（Rádio Clube do Centro de Portugal），当年8月，在科因布拉大学的物理实验室架设了一台无线电发射机，用于该电台的节目播出。

1932年5月29—31日间，在《世纪报》的倡议下，葡萄牙举行了第一届国家无线电广播大会（Congresso Nacional de Radiotelefonia）。当时的《世纪报》对大会进行了详尽报道：

"《世纪报》的主编若昂·佩雷拉·达·罗沙（João Pereira da Rosa）先生和其他单位的主管正在等待总理阁下、商务部长阁下、外交部长阁下、农业部长阁下以及共和国总统阁下的代表卡瓦略·努内斯（Carvalho Nunes）中尉阁下的出席。几百名来自全国各地的会员也前来参加大会。"

在这次大会上，一些广播界的媒体人提交了一些论文，内容涉及广播的发展、与人民生活的关系、广播对农业发展的影响、广播在殖民地的发展等问题。大会的讨论十分激烈，特别是针对国家广播电台应该采用何种导向，以及广播业的纳税问题。8月25日，大会的结论性文件被提交到了时任商务部长安东内斯·吉马良斯（Antunes Guimalhães）的手中。

## 二、官方电台走上历史舞台（1934—1949）

可以说1930年到1950年，是葡萄牙广播飞速发展的时期。由于国家处于萨拉查独裁政权的统治下，一些对社会不满，希望揭示社会真相的人便开始通过电台传递信息。而萨拉查政权也意识到广播的重要性，他们严格控制节目的口径，为巩固自己的政权服务。虽然节目受到政府的严格审查，但是电台通常会在文艺节目中通过隐晦的语言来讽刺当局。萨拉查下台后，接替者马塞罗·卡埃塔诺继续利用广播为自己的政权服务，只不过这一时期，广播通过娱乐的方式来取悦民众，麻痹民众，使其放弃寻找社会真相的想法。

### 1. 二战前

1933年，处于"新国家"时期的葡萄牙成立了国家无线电工作室管理委员会。根据该委员会当年发布的一份报告，整个葡萄牙的广播听众不超过1.6万人，其中绝大多数都居住在城市，比如里斯本、波尔图、科因布拉和布拉加。农村地区由于生活条件限制，收听广播的人少之又少。这是有记载的葡萄牙第一个官方进行的关于广播的统计数据。

就在第一届国家无线电广播大会举办前夕，商务部长吉马良斯表示，将成立一个国家级别的电台，于是该部随后发起竞标。当时的竞标要求是安装

播音间里配备钢琴，现场演奏

一台功率 20 千瓦的发射机和一根 80 千瓦的天线，并且要在波尔图设立一家分台。1933 年，国家广播电台的筹备工作开始，次年电台开始试播。当时葡萄牙境内很多地方都能接收到国家广播电台的信号。当时电台的负责人是音乐人安东尼奥·乔伊斯（António Joyce），他自己曾经拥有过几家音乐电台。那个时候，唱片很少，所以试播的音乐大部分是现场演奏。1935 年 8 月 4 日，国家广播电台（Emissora Nacional de Radiodifusão）正式开播，它也是如今的葡萄牙广播电视台（Rádio e Televisão de Portugal）的前身之一。当时电台的主管是恩里克·加尔旺（Henrique Galvão）。而该电台成了服务于统治政权的宣传工具。1936 年，国家广播电台还出版了杂志《国家广播电台》（Emissora Nacional）。

除了播放政治类讲座，国家广播电台还会播放一些音乐节目，如"致工人们"（Serão para Trabalhadores）。国家广播电台跟其他国家机构合作，如国家工作娱乐基金会（Fundação Nacional para a Alegria no Trabalho），播放娱乐节目。1947 年，葡萄牙创建了广播演员培训中心（Centro de Preparação de Artistas da Rádio），此后，国家广播电台的节目中出现了轻音乐。

这里我们要强调一下国家广播电台广播剧场的作用。在那个时代，剧场的演员收入不高，因此他们经常为广播电台改编国内外的剧本，赚一些外快。而国家广播电台也因此制作了大量的广播剧作品。尽管商业电台在不断发展，但是国家广播电台仍然是葡萄牙最大的、最受欢迎的电台。

但是，时任国家信息局（SNI）局长安东尼奥·菲洛（António Ferro）对广播节目的轻松化却不以为然。菲洛上任伊始就表示，

现场录制广播剧

广播不能让人厌烦,也从不会让人厌烦。在他看来,广播应当为国家和民族指引未来,而不能顺着大众的口味来播放节目。菲洛认为,广播的主题应当集中在:祖国、帝国、学说、礼节、宗教、文化、卫生、文学、艺术、教育,等等。

与其他欧洲国家(例如英国和法国)不同的是,葡萄牙的私人广播电台并没有受到政府关闭的威胁。这里我们要着重提到的电台是葡萄牙俱乐部广播电台。它是这一时期重要的商业电台。

葡萄牙俱乐部广播电台

该台的创始人之一若热·波特里奥·莫尼斯(Jorge Botelho Moniz)是右翼政党的领袖。电台的影响力由于他个人的政治地位得以提升。该电台的成功还得益于第二次世界大战时期成功的广告运营。葡萄牙俱乐部广播电台在内容上摒弃了古典音乐,更加突出流行音乐、民间音乐和地方音乐。除此之外,电台还会播放一些稀有的葡萄牙语、西班牙语和意大利语的唱片。

1934年,葡萄牙广播电台的先驱葡萄牙电台停止了中波广播,转而使用

葡萄牙俱乐部广播电台

短波广播向非洲殖民地播放节目。电台的名称也改为了殖民地电台（Rádio Colonial）。9月22日，葡萄牙承办了国际广播大会（Congresso Internacional de Radiodifusão）。

1935年，葡萄牙第一次出现了广播直播的整场球赛。科因布拉大学法学系学生，同样也是无线电爱好者——安东尼奥·马德拉·玛沙多（António Madeira Machado）完成了葡萄牙足球比赛广播直播的开山之作。当时的比赛在科因布拉市的圣·克鲁兹球场（Santa Cruz）举行，对阵双方是科因布拉学术协会队（Associação Académica de Coimbra）和科因布拉联队（União de Coimbra）。

起初，电台对于球赛的转播或者新闻并不是很有信心，他们反而担心这些节目会影响电台的收听率。然而，这种担忧是多余的，这些节目非但没有影响收听率，反而吸引了更多听众。正因为如此，越来越多的电台开始播报体育类的消息。

葡萄牙的宗教电台出现在1936年。其实早在1933年，宗教杂志《复兴》便提出应该在葡萄牙建立天主教电台，这也是葡萄牙第一次有人提出建立宗教电台的倡议。在当年5月发行的《复兴》杂志上，洛佩斯·达·克鲁兹（Lopes da Cruz）神父发表了一系列的文章，强调了在葡萄牙建立宗教电台的必要性。而他所倡导的宗教电台终于在1936年6月开始试播，电台名为复兴电台（Rádio Renascença），1938年开始正式播出。电台起初使用中波广播，之后转为短波。电台很快吸引了一批听众，他们还成立了复兴电台朋友联盟（Liga dos Amigos da Rádio Renascença），后更名为复兴俱乐部（Clube Renascença）。

由于第二次世界大战爆发，1939年9月21日，葡萄牙政府颁布了第29937号法令，勒令所有业余广播爱好者电台停播。与此同时，国家广播电台的节目在不断地推陈出新。其中比较著名的节目有"对话"（Diálogos）、"你想听什么？"（Que Quer Ouvir？）等。此外，电台还推出了专门针对工人阶级的节目"艺术时间"（Hora de Arte）。1940年，国家广播电台经历了一次重要的变革——根据政府颁布的30752号政令，国家广播电台脱离邮电局的管辖，成为独立运营的单位。从1941年开始，国家广播电台开始针对美洲广播，尤其是巴西和美国。最先播出的节目是一篇广播杂志，名为"一首歌是如何诞生的？"此后，节目增加了音乐、歌剧等。

上述电台基本上都是使用中波向葡萄牙本土和非洲殖民地播出，其中发射功率最大的电台是国家广播电台和葡萄牙俱乐部电台。除了大型电台，在里斯本和波尔图，在二战结束后还出现了一些社区小电台。

### 2. 二战后

1945 年，二战结束，但是战后的葡萄牙还是有一些电台宣传纳粹和希特勒主义，例如葡萄牙人电台（Rádio Luso）和青年人电台（Rádio Juventude）。那个时代，因为与德国纳粹政府的"暧昧"，葡萄牙专制政府和欧洲其他国家的关系比较紧张。

1946 年，葡萄牙俱乐部广播电台开始通过中波播放节目"休闲时光"，每三周一期。这是葡萄牙历史上的第一个广播剧节目，创意来自艺术广告机构（Agência de Publicidade Artística）的所有人，若泽·费尔南多·雷顿（José Fernando Leitão），同时也吸纳了其他人的建议。1947 年 6 月 11 日，葡萄牙政府颁布了第 36340 号法令，废除了之前禁止业余电台广播的法令，使得从二战开始后就噤声的业余电台又重新活跃起来。为了规范这些电台的行为，7 月 29 日，政府又颁布了第 36438 号政令，又称为《业余电台规范》（Regulamento dos Postos de Amador）。

1949 年对于葡萄牙的广播来说是承上启下的一年。菲洛卸任国家信息局局长和国家广播电台台长。这一变化被看作是二战以后，葡萄牙政治、社会和文化环境变革的结果。萨拉查决定，新的国家信息局局长和国家广播电台台长应当是那些没有现代主义嫌疑的人。

## 三、快速发展时代（1949—1973）

尽管葡萄牙正处于萨拉查的独裁统治，媒体被政府严格控制，但是不能否认，这一段时间，葡萄牙广播迎来一个发展的黄金时期。50 年代，葡萄牙出现了电视,这一事实让广播不得不做出一些改变,实际上也促成了它自身的发展。

1949年对于葡萄牙的广播来说又是转折性的一年。二战结束后,一些小型的电台因为经济问题纷纷关闭。此前,在没有政府许可的情况下,电台不得擅自播放广告。在1949年初,里斯本和波尔图的一些小电台被允许播放广告,作为条件,这些电台不得播放反对党的竞选活动。由于支持若泽·诺顿·马托斯(José Norton Matos)[①]参加竞选,一些当时著名的播音员,例如埃特尔维纳·洛佩斯·德·阿尔梅达(Etelvina Lopes de Almeida)、若安娜·坎比纳(Joana Campina)等都成了政治斗争的牺牲品。根据萨拉查独裁时期的新闻管制政策,每一个电台都会配备一名政府派遣的监管员。也正是因为这样的政策,一些支持反对党的电台被迫关闭,例如波尔图的卢济塔尼亚俱乐部电台(Rádio Clube Lusitania)和里斯本的圣·马麦德电台(S. Mamade)。由于各种政治因素,广播在这个时代的发展其实并不顺利。

不过,这一时期,葡萄牙的广播听众群体开始壮大起来,广播的播放时长和时段也有了很大变化。30年代时,广播一般只会在工作日的晚间,最多在星期天播放节目,目的是吸引更多听众。而随着人们的广播意识增强,对于广播节目的忠诚度也随之提高。广播电台不再需要寻求特定时段来吸引受众。于是,电台节目开始增加时长。例如国家广播电台开始延长音乐节目,有些轻音乐和传统音乐节目的时长甚至翻了一番。

这一时期,葡萄牙广播受众开始根据广播的类型和内容分成若干群体,例如男人更爱听体育,女人更倾向于广播小说。午餐之后成为另一个"黄金时段"。许多家庭主妇在午餐收拾完毕后,会打开广播收听节目。于是很多商业电台开始抓住时机,在这个时段播放一些广播小说、居家小窍门、小故事等,用来抓住女性听众群。而国家广播电台也会每天播放15到20分钟的,每季

---

[①] 葡萄牙政治家,1949年参加总统竞选时表示要争取媒体自由,也获得了民众的广泛支持。但是由于当时萨拉查政府的操控和暗箱操作,马托斯未能成功,此后投身各种抗议活动。

30集左右的广播小说。

随着听众群体的壮大,广播广告也开始迅速发展。1949年,由于政府对广告放开,一些小型商业电台获准播放广告,葡萄牙出现了一些独立广告人,他们从商业电台租用时段播放广告。独立广告人一般会选择现场直播的音乐会等节目时段播放广告,因为有助于广告的收听度。到了1950年,广播节目时长大幅增加,广告的数量也迅速增多。随着广播的发展,技术也在不断进步。一些广播设备开始在市场上出售。一些电台也开始有了自己的招牌节目。例如葡萄牙俱乐部电台的招牌节目叫"23点"(23ª Hora),每天晚间23点到次日凌晨1点播出,主要内容是音乐和采访。

1950年4月3日,里斯本大学中心(Centro Universitário de Lisboa)和国家广播电台达成协议,共同成立了大学电台(Rádio Universidade),用中波播

听众现场参与广播节目

出节目。电台每天播出 70 分钟的节目，都是由大学生或者大学预科的学生来制作。起初，电台的播音间被安放在了里斯本花朵广场一栋房子的阁楼，后来搬到了堂·埃斯特法尼亚路。1974 年 11 月 25 日，电台关闭。

1951 年 8 月 11 日，"环葡萄牙自行车赛"举行。葡萄牙俱乐部广播电台为此开辟了一个新栏目——"快乐旅伴"（Os Companheiros da Alegria），由伊格莱亚斯·卡埃洛（Igrejas Caeiro）负责制作。在每一站比赛结束后，该栏目都会在比赛现场播出一场综艺节目。没想到节目受到听众的广泛好评，名气甚至超过了"环葡萄牙自行车赛"本身。1953 年底，借着"快乐旅伴"的成功，卡埃洛决定租下特林达德剧院（Teatro de Trindade），成立一家戏剧公司，但是由于政府的阻挠，他未能成功。

1954 年，葡萄牙国家广播电台开播了一档名为"倾听繁星"（Ouvindo as Estrelas）的节目。这档节目创造了葡萄牙广播的历史，因为它是第一个在录音棚里制作的广播综艺节目。主持人是路易斯·卡乔（Luís Cajão）和诺布雷加·伊·索萨（Nóbrega e Sousa）。听众可以走进录音棚，现场观看节目。这一年，葡萄牙俱乐部广播电台开始使用调频广播，这也是葡萄牙历史上第一次出现调频广播。

1956 年，葡萄牙国家广播电台在里斯本和洛桑（Lousã）启用了两台调频广播发射机，也开始了调频广播。同年，当国家元首访问海外领地的时候，该台进行了葡萄牙广播历史上第一次直播报道。值得一提的是，直到 20 世纪 60 年代，葡萄牙广播基本没有录播的节目，直播是一种常态化的表现形式。

进入 60 年代以后，葡萄牙的广播出现了一些变化，除去常规的政治内容，电台开始播放文化节目。比较突出的是音乐节目，主持人一般会在直播的过程中插入音乐，尤其是欧美的音乐，这些音乐主要来自世界几大著名的唱片公司，例如百代（EMI）、宝丽金（Polygram）等。而以往被认为无用的晚间时段也渐渐受到电台重视。1962 年，葡萄牙第一次出现了夜间播放的广播节目，北方联合广播电台（Emissores do Norte Reunidos）在周末的凌晨 2 点到 5 点播放名为"当夜晚经过"（Enquanto a noite passa）的节目。而这一年，在葡萄牙的广播舞台

葡萄牙俱乐部电台使用直升机报道赛事

上，出现了一个对葡萄牙广播历史有深远影响的团队。这个团队名叫"3P 空间"（Espaço 3P），是一个独立的制作团队。1969 年，该团队制作的节目在葡萄牙俱乐部电台第一次以立体声的形式播出，这也是葡萄牙第一次在模拟频率实现立体声广播。

1966 年，葡萄牙科因布拉举办了第一届世界无线电爱好者大会。这一年，葡萄牙俱乐部电台在一次汽车比赛中使用了直升机进行报道，这在葡萄牙历史上也是第一次。从 60 年代到 70 年代，葡萄牙调频广播开始发展壮大。到了 80 年代，中波已经渐渐失去了主流地位。1970 年开始，立体声广播开始覆盖葡萄牙全境。

葡萄牙国家广播电台开始 24 小时不间断播出。不过，因为有些时段的听众寥寥无几，在不间断播出之后没多久，部分时段就停止了播出。两年之后，即 1972 年，国家广播电台才又一次实现 24 小时不间断播出。

## 四、受众调研

这一时期，葡萄牙出现了最初的听众调研[①]。20 世纪 40 年代，英国广播公司（BBC）向 18.5 万名葡萄牙听众发放问卷，调查节目的质量和收听率。

---

① Estudos da Rádio em Portugal，P91

1943 年，平均每周都会有约 75 封关于 BBC 广播的信件投递到英国驻葡萄牙大使馆，但是信件的内容并不能反映听众的收听习惯。二战以后，葡萄牙国家广播电台下属的杂志进行了一次调研，询问听众最喜欢的广播节目，而听众通过信件或者电报的方式发送反馈。在这次调研中，排名前十的节目基本上被国家广播电台、广播俱乐部电台和俱乐部广播占据。

为了能够获得更加系统的分析，国家广播电台开始向商业机构购买数据和服务。1951 年，国家广播电台通过商业调查公司在里斯本和波尔图进行了第一次听众调研，1953 年进行了第二次。目前没有资料显示当时具体有多少人接受了调查，不过这已经是葡萄牙广播商业性调研的首创。在 50 年代的 10 年中，国家广播电台一直通过商业调查获得数据，了解受众喜好，对节目进行调整。即使调查的科学性还有所欠缺，但是也从一定程度上反映了听众的收听习惯和趋势。

随着广播的发展，商业调研公司也慢慢壮大。从 60 年代末到 70 年代初，由于大学并没有开设舆论类的课程或者项目，给商业公司提供了发展的契机。它们当中的一些开始进行周期性的社会舆论调查，将结果出售给电台和电视台。可以说，它们的工作一方面为媒体机构提供社会舆论趋势信息，另一方面为广告商提供了市场分析数据和投放依据。

由于这一时期的电视发展并不快，因此，广播依然是广告商主要的战场。随着人们消费需求的增长，这些公司又开始针对市场进行调查，结合广播的收听率，为广告商提供必要的信息。这些调查公司的人员并不多，少则 8、9 个人，多的也就 30 多人。

1970 年，葡萄牙国家广播电台进行了一次比较权威、规模较大的调研。7000 人参与了此次调研。根据结果，排名葡萄牙电台收听率前几位的有国家广播电台（39%）、葡萄牙俱乐部电台（36%）、复兴电台（15%）、恩宠电台（4%）。

## 五、区域性电台

除了在里斯本或者波尔图这样的大城市设立的电台，40年代到50年代期间，在一些小城市，还诞生了区域性电台。比较突出的两个电台是上特茹河电台和海拔电台（Rádio Altitude）。

### 上特茹河电台

1951年3月15日，上特茹河电台诞生于首都里斯本以北60多公里处的圣塔伦（Santarém）市，使用中波播放节目。该电台为新闻类。当时圣塔伦的常住人口大约为46万，而电台能够覆盖约14万人。1970年，该电台被葡萄牙俱乐部电台收购。而后者希望通过并购上特茹河电台，提高覆盖率，投放广告。然而，投入与产出始终没有达到预期的效果。1975年，由于葡萄牙开始电台国有化进程，上特茹河电台停播。

# 第九章 "石竹花革命"后葡萄牙广播的发展

CHAPTER 9

广播既可以成为独裁政府的工具,也可以变成推翻政府的武器。"石竹花革命"就是个很好的例子。独裁政府倒台后,葡萄牙的广播迎来了飞速发展。进入21世纪后,融媒体的迅速发展给广播带来了冲击,也带来了机遇。

## 一、广播在"石竹花革命"中的作用

从"新国家"建立到 20 世纪 70 年代,葡萄牙的广播节目千篇一律,都是新闻、歌曲、球赛、政府公报等。而在独裁政府统治时期,跟报刊一样,所有的广播都必须经过严格的预审。政府利用广播来控制社会舆论,传播"新国家"倡导的价值观,所有对政权不利的信息都被禁播。

广播既可以成为独裁政府的工具,也可以变成推翻政府的武器。1974 年 4 月 25 日,葡萄牙爆发了著名的"四·二五革命"(又称"石竹花革命"),葡

军人占领复兴电台

萄牙独裁政权被推翻。广播在这一场革命中扮演了极其重要的角色。起义的信号——若泽·阿方索的音乐 "Grandola，Via Morena" 就是通过复兴电台播放出去的。

起义开始后的数小时，"武装部队运动"占领了全国的大型媒体，包括数个电台。4月25日3时12分，一队军人占领了葡萄牙俱乐部电台，将其更名为"武装部队运动指挥站"（Posto de Comando do Movimento das Forças Armadas），并且在4点26分，通过该电台发布了第一份公告。此后，"武装部队运动"又通过电台发布了数份公告，向全国通报起义的进程。不久，葡萄牙独裁政府首脑马塞罗·卡埃塔诺便宣布投降，欧洲历史上存续最长的独裁政府倒台。

## 二、独裁政权倒台后葡萄牙广播的发展

葡萄牙独裁政权倒台后，媒体迎来了解放和又一个黄金发展时期。广播不再受制于政权的过度控制，国家广播电台也开始播放一些轻松的节目。1975年，葡萄牙开始电台国有化进程，大部分电台都收归国有，除了三个例外，它们是海拔电台、北极电台（Rádio Pólo Norte）和复兴电台。1975年12月2日，葡萄牙颁布了第674号政令，规定所有的电台都归葡萄牙邮政电信公司（CTT）管理。1976年，葡萄牙国家电台更名为葡萄牙广播电台（R.D.P.-Radiodifusão Portuguesa）。

葡萄牙广播电台

葡萄牙广播电台主要提供公共广播服务。电台拥有四个国家级的频道、三个针对葡萄牙大陆的地方频道（RDP北部频道、RDP中部频道和RDP南部频道）以及两个面对葡萄牙岛屿的地方频道（RDP马德拉频道和RDP亚速尔频道）。与此同时，葡萄牙广播电台继续通过短波进行国际广播。1979年，电台进行了一次深入重组，成立了商业电台（Rádio Comercial），开始与私营电台竞争广告市场。

1992 年，商业电台私有化，脱离葡萄牙广播电台。因为只有私营电台才播放广告，所以葡萄牙广播电台停止播放广告。1994 年，葡萄牙广播电台改制，成了国有企业。1998 年，该台在葡萄牙第一次使用数字信号广播系统，但是普及率并不高。2000 年，葡萄牙广播电台并入环球葡萄牙集团（Portugal Global）。该集团由葡萄牙政府设立，用来收并所有国有媒体，但是 2003 年，集团解散。2004 年，葡萄牙广播电台再一次经历重组，和葡萄牙无线电视台（Radiotelevisão portuguesa-RTP）合并成立了葡萄牙广播电视台（Rádio e Televisão de Portugal-RTP），RDP 北部频道、RDP 中部频道和 RDP 南部频道随之停播。

1978 年是葡萄牙政坛动荡的一年。这一年，葡萄牙总共经历了四届政府。而在当年的 12 月 12 日，葡萄牙发生了历史上第一次广播记者的罢工。在这一次罢工中，他们只是象征性地在当天早间 9 点到 10 点，下午 5 点半到 6 点半间两次停止广播节目。表面上，记者们罢工是为了获得更好的合同，但是背后隐藏着广播从业者对当局新闻自由管制的不满。当时，广播节目受到政府的影响很大。一方面，执政者认为，大部分记者的思想偏左。而另一方面，记者不希望成为政客的嘴巴。

这一时期的广播记者整体水平并不高，因为在那个时期，并没有针对广播记者的课程或者培训班，广播节目的编排也十分无聊，尤其是新闻，开头总是大篇幅地介绍政治问题，之后才会涉及社会和体育等其他消息。报道类节目也非常少，大部分来自新闻发布会。

从 1977 年开始，葡萄牙就出现了一些"地下电台"，播放地方性的内容。第一家"地下电台"叫作青年电台（Rádio Juventude）。80 年代，葡萄牙的"地下电台"数量突飞猛进，尤其是 1982 年。尽管当时葡萄牙所有的电台都受葡萄牙邮政电信公司监管，但是这些"地下电台"往往逃避监管，自行播报。某些电台被查封的事件并没有消减民间办台的热情。

由于"地下电台"泛滥，频率混乱，葡萄牙政府决定着手制定相关政策，包括电台的合法性定义、频率分配和执照的颁发等。1982 年 3 月 11 日，葡萄牙政府颁布了第 8/87 号法令，这是一部规范葡萄牙广播频率和许可的框架性法律。法律规定，任何公有和私有的公司都可以创办电台，但是需要在每年的第一个月，通过竞标的方式来获得播出频率。1988 年 12 月 24 日，葡萄牙政府下令关闭"地下电台"，至此，葡萄牙先后出现了 800 多个"地下电台"。到了 1993 年，总共有 298 家电台获得了营业许可。随着相关法律的制定，葡萄牙的"地下电台"要么洗白，要么关停。在洗白的"地下电台"当中，TSF 电台是其中的佼佼者。

TSF 电台

TSF 电台全称无线电话电台（Telefonia sem fio），第一次播出是在 1988 年 2 月 29 日。由于还没有获得执照，因此，当时的 TSF 电台还属于"地下电台"。该电台从成立之日起就定位为资讯电台，而它的成名来自于 1988 年对一场火灾的现场报道，当时 TSF 电台派出记者，对火灾和消防的情况进行了全程播报。1989 年，在一次电台频率竞标中，TSF 电台成功竞得 FM89.5 频段，获准在里斯本市区内播出节目。同时，电台还与位于波尔图的新电台（Rádio Nova）达成协议，后者在波尔图播放 TSF 电台制作的新闻节目，而 TSF 迈开了全国扩张的第一步。同一年,TSF 电台分别在波尔图收购了活跃电台（Rádio Activa）和在科因布拉收购了中心报业电台（Rádio Jornal do Centro），真正实现了全国"落地"。

如果说 1988 年 TSF 电台在葡萄牙打响了新闻广播第一炮，那么,1990 年，电台第一次将葡萄牙广播的触角伸到了海外。海湾战争期间，TSF 电台是最先派出记者去前线采访的媒体之一。1999 年，TSF 公司再一次成为新闻报道的先行者，他们派出记者前往东帝汶，连续十天报道该国宣布独立前发生的骚乱。如今的 TSF 电台除了传统广播，还推出了在线广播和 podcast。

20 世纪 90 年末到 21 世纪初，葡萄牙广播的内容越来越专业，它们开始根据不同的时段播放不同主题的内容，针对的群体也更固定。在这些专业化的电台中，最突出的要属资讯类电台，而 TSF 电台就是其中的代表。

同时，广播电台也越来越重视市场的需求，尤其是广告。市场开始渐渐成为电台发展战略中的一个重要因素。此外，越来越多的广播并入媒体集团。由于这些媒体集团财力雄厚，电台在进行技术革新、受众调研方面有了更好的保障，促进了电台的发展。但是从另一个角度来看，由于受到市场因素的左右，很多电台开始更多地追求市场效应。

## 三、数字信号广播（DAB）

葡萄牙的数字信号广播（Digital Audio Broadcasting）并不成功。20 世纪 80 年代末期，受国际广播形势的影响，葡萄牙广播电台开始研究节目的数字传播。1992 年，葡萄牙成立了多个数字广播基地。1997 年，葡萄牙广播电台获准在里斯本进行数字广播实验，而实验最终在次年 1 月才进行。几个月后，该台在葡萄牙世博会期间通过四个发射站对葡萄牙大陆试播数字信号广播，同时在此期间大力宣传葡萄牙的数字信号广播。1998 年 8 月，葡萄牙广播电台获得了国家颁发的数字信号广播执照。同年 12 月，该电台开始在马德拉群岛进行数字广播实验。1999 年 3 月，葡萄牙数字信号广播网正式运行。

1998 年，葡萄牙的数字信号广播一共有六个台，包括葡萄牙广播电台 1 台、2 台、3 台、世博会台、复兴电台 1 台和复兴调频电台（Rádio RFM）。数年后，复兴电台放弃了数字信号广播系统。葡萄牙广播电台原计划建设 74 个发射站，但是最终只建成了 44 个。2004 年，葡萄牙广播电台并入葡萄牙广播电视台。2006 年，该台的数字信号广播系统能够覆盖全国 72% 的人口。

2011 年 4 月 1 日，葡萄牙广播电视台以经费紧张为由，向葡萄牙国家传媒局（ANACOM-Autoridade Nacional de Comunicações）申请关闭数字信号广播，这一事件标志着数字信号广播在葡萄牙的失败。其中原因主要包含以下几点：

（1）数字信号广播的成本非常高。为了在全国铺设数字信号广播网，葡萄牙总共投入了1150万欧元，其中850万投入葡萄牙大陆，100万投给马德拉群岛，其余的投入给了亚速尔群岛。

（2）葡萄牙并没有针对数字信号广播制定相关的法律，让更多的电台使用数字信号系统。

（3）有些数字信号广播的设备提供商由于种种原因，不能为购买了设备的电台提供技术支持。要知道，葡萄牙的数字信号广播从开播到停办，一共经历了13年。对于每天使用的设备来说，磨损在所难免。技术支持的缺失让一些电台难以继续使用这种系统。

（4）而从听众角度来看，在葡萄牙，数字信号广播的收听人数几乎为零。这是因为收听这种广播需要购买特殊的接收设备，但是大多数人不愿意去购买，只有少数广播爱好者或者研究人员才会为了收听数字信号广播而去购买。

## 四、媒体融合时代的广播

### 1. 互联网对广播的影响

20世纪90年代后期到21世纪初，互联网的兴起对传统媒体造成了极大的冲击，广播也不例外。为了适应媒体融合时代，传统媒体纷纷转向新媒体，包括互联网、移动互联网等，力求通过多种手段来传播。

而葡萄牙政府也开始重视广播技术的革新，尤其是通过互联网实现广播的在线收听。为了能够使广播电台尽快实现设备和技术革新，从2004年开始，葡萄牙政府出台了很多优惠政策，其中包括执照的发放，不再要求广播节目24小时不间断播出，成立电台联盟等。其中，电台联盟的成立使得一些小电台得到了技术和资金的支持，顺利经过过渡时期。

如今，只有媒体融合才能使广播更好地接近听众，吸引受众。葡萄牙本土一些有实力的电台将广播、互联网和移动设备结合在一起，其目的是给广播架设一个多媒体平台，因为人们接触更多的是移动设备，而不再是广播设备。有了多媒体平台，除了声音，广播开始有了图片和影像，甚至可以通过播音间里的摄像头，使广播视频化。

### 2. 葡萄牙广播现状

目前，在葡萄牙最受欢迎的电台有三个，分别是复兴调频电台、商业电台和复兴电台。它们占据了大部分的广播市场份额。

根据葡萄牙媒体研究协会（Observatório de Comunicação）2017年9月发布的报告《葡萄牙广播——收听率与广告（2002—2016）》，如今在葡萄牙收听率最高的电台是复兴调频电台和商业电台，而曾经的霸主复兴电台在2002年到2016年期间的收听率急剧下跌，幅度达到了60.7%，相反，商业电台的收听率则上升了138%[①]。

从时段上来看，复兴调频电台、商业电台和复兴电台在工作日的收听率较高，Mega Hits 电台、葡萄牙广播电台 1 台和 TSF 电台在节假日更受欢迎。早间 6 点到 10 点和晚间 17 到 20 点，商业电台都占据了市场份额的榜首，分别达到了 21.7% 和 24%。

### 3. 中国与葡萄牙电台

1984年，当时的葡萄牙政府批准了一家美国电台在葡萄牙开播，呼号"CSB-506"，这也是第一家在葡萄牙开办的外国电台。2012年6月8日，中

彩虹电台标志

彩虹电台播音间

---

① "A Rádio em Portugal—Dinâmicas Concorrenciais de Audiências e Publicidade（2002—2016）"

国国际广播电台与里斯本彩虹电台（Rádio Íris）（频率：FM91.4）展开深度合作，使得中国制作的葡萄牙语节目首次实现在葡萄牙本土的播出。

此次中国国际广播电台与里斯本彩虹电台的深度合作，目的是让更多的葡萄牙听众通过节目了解世界的最新资讯，感知中国悠久的历史和文化与现代化发展的脉动。彩虹电台是中国媒体在葡萄牙语国家开办的首个海外分台，每天24小时不间断播出，其中每天有6个小时的节目由中国国际广播电台提供。该电台覆盖人口300万。2015年，在葡萄牙广播协会对全境135家调频台的网络电台进行的收听率调查中，彩虹电台排名位列第22名。彩虹电台目前隶属于葡萄牙环球伊比利亚传媒有限公司。

# 第十章 葡萄牙电视的发展
## CHAPTER 10

葡萄牙的电视事业起步于1955年，建立于1956年。起初，葡萄牙人会前往公共场所欣赏所谓"魔法盒"里的影像，因为很少人家里有电视机。随着电视的普及，越来越多的葡萄牙人能够坐在家里欣赏电视节目。目前，葡萄牙本土一共有七个公共频道，分别为：葡萄牙广播电视台1台、葡萄牙广播电视台2台、葡萄牙广播电视台3台、葡萄牙广播电视台纪录片台、ARTV（议会电视台）、葡萄牙广播电视台亚速尔台和葡萄牙广播电视台马德拉台；私营电视台中，最主要的是独立传媒公司（Sociedade Independente de Comunicação，简称SIC，隶属于Impresa集团）和独立电视台（Televisão Independente，简称TVI，隶属于Media Capital集团）。

## 一、电视诞生初期的发展

葡萄牙电视起步相比世界电视历史要晚几十年。1940 年，波尔图企业家阿尔瓦罗·德·奥利维拉（Álvaro de Oliveira）向当时的无线电服务总局（Direcção Geral dos Serviços Radioeléctricos）提出申请，希望在当地架设一台辐射半径为 15 千米的电视发射器，进行电视节目的试运行。但是，葡萄牙邮政、电报和电话总局（Administração Geral dos Correios, Telégrafos e Telefones）认为，此时还不宜开启电视服务，于是拒绝了阿尔瓦罗的申请。到了 1946 年，国家广播电台的一名年轻的工程师博尔达罗·玛沙多（Bordalo

葡萄牙广播电视台大楼

Machado）发表了一篇有关葡萄牙电视发展展望的文章，名为《电视——葡萄牙设施现状与展望》（*Televisão-estado actual e possibilidades de instalação em Portugal*）。

1953 年 1 月 27 日，萨拉查政府要求国家广播电台的实验研究办公室（Gabinete de Estudos e Ensaios）起草一份葡萄牙电视台建设的报告，为此，该办公室成立了电视研究小组（Grupo de Estudos de Televisão）。经过小组的调研，当时的总统办公室主任科斯塔·雷特（Costa Leite）表示，"政府认为，目前讨论开设电视服务的时机尚不成熟，所以，任何有关该问题的态度都不能偏离目前的研究路线。在没有确切的实施计划前，葡萄牙还不具备成熟的条件和设备来开设电视台。"

尽管如此，出于试探，1954 年 11 月 11 日，葡萄牙政府还是决定批准波尔图的桑托斯、吉马良斯和奥利维拉公司（Santos, Guimarães e Oliveira）建立一家实验电视台。1955 年 1 月，葡萄牙无线电服务总局向该公司颁发了电视试运营执照。于是，当时波尔图的部分报刊宣布，不久的将来，人们便能通过电视收看到体育节目，尤其是足球比赛的直播。然而，仅仅在执照颁布后的几天，葡萄牙无线电服务总局便反悔，吊销了该执照。

进入 20 世纪 50 年代，葡萄牙终于出现了正式的电视服务。1955 年 7 月，在卡埃塔诺担任总统办公室主任期间，波尔图进行了葡萄牙历史上首次电视服务的试运行。当时使用的设备是德国根德公司（Grundig）的产品，架设在"波尔图人民集市"（Feira Popular do Porto）上。8 日，波尔图民政府市长多明戈斯·布拉加·达·克鲁斯（Domingos Braga da Cruz）来到集会上，参观电视设备。同年 8 月，"里斯本人民集市"也开始架设电视设备。可以说，当时的电视服务很成功，发射和接收设备运转正常。从 9 月 4 日开始，葡萄牙开始了规律性的电视节目试播。

根据 1955 年 10 月 18 日第 40341 号政令，葡萄牙政府决定成立一家提供公共电视服务的公司。1955 年 12 月 15 日，葡萄牙无线电视台（Radiotelevisão Portuguesa）股份公司成立，葡萄牙电视事业正式起步。不过，直到 1956 年 9

月 4 日，葡萄牙无线电视台才第一次进行电视节目的试播。

葡萄牙广播电视台在试播期间总共有三档节目，分别是：

——"体育杂志"（Revista Desportiva），由当年红极一时的广播主持人多明戈斯·兰萨·莫雷拉（Domingos Lança Moreira）出镜主持；

——"世界杂志"（Revista Mundial），这是一档从法国引进的节目，主要播报世界新闻，试播当天的新闻包括潜艇下水、阿尔及利亚战争、奥地利火灾等；

——"每日评论"（Comentário do Dia），由电视台记者巴拉达斯·德·奥利维拉（Barradas de Oliveira）对当天的新闻进行评论综述。

1957 年 3 月，该台开始规律性地播放电视节目，当年年末，电视信号已经能够覆盖葡萄牙 65% 国土。当时，葡萄牙政府只占葡萄牙无线电视台三分之一的股份，剩下的三分之二由部分私营电台和部分个体股东占有。

起初，葡萄牙的电视由电影与新闻局（Serviço de Cimema e Notíciário）管理，之后，管理工作交给了信息局（Direcção de Informação）。而电视节目基本上都是由摄影师说了算，没有真正意义上的电视记者。1957 年 2 月，英国女王访问葡萄牙，当时电视台的报道团队由电影与新闻局主任若昂·巴蒂斯塔·罗沙（João Batista Rosa）带领。为了报道女王的葡萄牙之行，几乎全葡萄牙的摄像师都被调动起来。此次报道也被认为是葡萄牙电视史上的第一个大型报道。也就是在这次大型报道后，葡萄牙出现了电视记者的概念。即便如此，这个"电视记者"的概念并不是一个人，而是一个团队。

同年 8 月，葡萄牙电视第一次出现海外报道，当时葡萄牙总统克拉维罗·洛佩斯（Craveiro Lopes）正在巴西访问，葡萄牙无线电视台对此次访问进行了报道。当时，电视台派出记者，总共录制了 7 小时的素材，最终编辑成 3 小时的节目播出。10 月，亚速尔群岛的卡佩利里奥斯（Capelinhos）火山爆发。当时，葡萄牙无线电视台的记者卡洛斯·图德拉（Carlos Tudela）、亚历山德勒·贡萨尔维斯（Alexandre Gonçalves）和奥根·特维斯（Hogan Teves）前往现场报道。此次报道也载入了葡萄牙电视史册，因为是第一次有电视记者冒着生命危险进行新闻报道。同年 11 月，电视台第一次从国外采购了工作专用车——一辆黄色的梅赛德斯·奔驰。

1958 年 1 月，葡萄牙开始征收电视税，当时的价格是每年 360 埃斯库多。同年 2 月 9 日，葡萄牙第一次出现了用移动转播车进行的现场直播。当时里斯本竞技队在老阿尔瓦拉德体育场对阵一支奥地利的球队。1959 年 10 月 20 日，葡萄牙加入了欧洲广播联盟。60 年代中期，葡萄牙无线电视台的节目已经能够覆盖葡萄牙全国。

1960 年 5 月 15 日，葡萄牙无线电视台进行了第一次海外直播。当时在西班牙首都马德里，葡萄牙队和西班牙队进行了一场旱冰球比赛。1966 年，葡萄牙无线电视台开始转播英格兰世界杯足球赛，这在葡萄牙国内引发了电视机购买热。那届比赛中，葡萄牙队最终获得了季军。

## 二、独裁政府与电视

葡萄牙电视事业诞生于独裁政权期间，电视节目的内容受到了严格的审查。而电视节目播出的内容主要都是"新国家"政府的例行通报。从萨拉查到卡埃塔诺，葡萄牙无线电视台都是独裁政府控制社会舆论的工具。

萨拉查十分喜欢利用电视来自我宣传。1958 年 4 月 28 日，葡萄牙无线电视台播出了第一个有关萨拉查的报道。当时节目介绍了萨拉查的家：

"这是走廊、办公桌、一本《大宪章》、一本日历和一座钟……这就是萨拉查工作的地方。生日的时候，他在这里接受祝福和登门庆祝。"

而 1961 年"圣·玛丽亚"（Santa Maria）号客轮被劫持事件，又一次被萨拉查利用。1961 年 1 月 9 日，"圣·玛丽亚"号从里斯本出发，前往美国迈阿密。在委内瑞拉停靠的时候，以恩里克·加尔旺（Henrique Galvão）为首的自称"伊比利亚解放革命总部"（Direcção Revolucionária Ibérica de Libertação）的人员混入船舱。1 月 22 日，这伙人劫持了客轮，计划将船开往安哥拉首都罗安达，但最终未能成行，加尔旺选择将船开往巴西累西腓，向官方投降，交出船只。当

当时《里斯本日报》刊登"圣·玛丽亚"号被发现的新闻

时船上共有612名乘客,大部分是去欧洲旅行的美国人。

葡萄牙无线电视台对此事件反应十分迅速,"电视播报"(Telejornal)节目派出奥根·特维斯和埃德尔·门德斯(Hélder Mendes)前往巴西报道。当时他们和一群美国记者共同租用了一家小型飞机,拍摄到了十分震撼的画面。他们将画面发回国内,但是却遭到了审查,画面被重新剪辑。最终这则报道的重点变成了跟踪"圣·玛丽亚"号回国,基调也变成了葡萄牙政府经过努力,成功解救"圣·玛丽亚"号。客轮返回当日,萨拉查本人在里斯本的港口亲自迎接从巴西回国的客轮,并且发表感言:"'圣·玛丽亚号'终于回来了,感谢葡萄牙的人民!"这一事件再一次成为独裁政府宣传的工具。

电视被利用的案例不止于此。同样是在这一时期,葡萄牙在非洲的殖民地开始出现政局不稳的状况,尤其是安哥拉。在北部,由奥尔登·罗伯托(Holden Roberto)领导的独立武装开始频频攻击驻扎在安哥拉的葡萄牙军队。在此之前,葡萄牙的电视从来不会播放血腥的画面,尤其是不会播放在葡萄牙本土或者其殖民地上的暴力画面,为的是在"新国家"中营造一种安宁的景象。然而,这次殖民地暴动中,葡萄牙无线电视台被授权播放战争的画面。葡萄牙政府利用这些素材,为殖民地的战争营造合理的借口。

独裁政府对电视节目严格审查出于他们对社会舆论的恐惧。他们生怕一些画面激起民众的不满情绪，导致局势失控。有些在我们今天认为是重大的事件，在当时的葡萄牙电视上甚至没有画面，例如伦敦发生的反卡埃塔诺抗议、1973年几内亚单方面宣布独立、切·格瓦纳去世等。在一些能够播出的画面中，政府审查也是细之又细，生怕有"不良的"画面出现。

1968年，萨拉查由于中风，将政权移交给卡埃塔诺。次年的4月28日，萨拉查下台后首次出现在电视画面中。电视台前往医院，对萨拉查的状况进行了拍摄，包括手术。然而，最终在电视上播出的画面只有1分16秒，说的是萨拉查在医院接见新闻部门人员的拜会，并且发表感言。由此可见，无论是在萨拉查时代，还是在卡埃塔诺时代，葡萄牙政府对于电视画面的恐惧一直存在。

这种情况一直持续到"石竹花革命"。由于电视台的记者，尤其是摄影记者的思想已经桎梏于内容被审查、画面被重新编辑的逻辑中，因此他们的职业素养在慢慢退化。以至于在"石竹花革命"爆发当日，他们的报道既肤浅又单调。后人评价，葡萄牙无线电视台对于"石竹花革命"的报道是历史性的、唯一的，却又是不完整的。

同年12月25日，葡萄牙无线电视台2台（RTP 2）开播，作为又一个国有电视频道，它的命运和1台一样，同样服务于独裁政权。此后，1972年8月6日和1975年8月10日，葡萄牙无线电视台在两个群岛分别开办了分台——马德拉频道（RTP Madeira）和亚速尔频道（RTP Açores）。

## 三、独裁政府倒台后电视的发展

1974年4月25日，"石竹花革命"爆发，独裁政权倒台，葡萄牙电视的发展也脱离了极度的束缚。1975年12月2日，根据该国第674-D／75号政令，葡萄牙无线电视台收归国有，成立了葡萄牙无线电视台公司。由于脱离了独裁政府的压制，电视台的节目也开始注重娱乐性。1977年，电视台第一次播出巴西的电视剧《加布里埃拉》（*Gabriela*）以及全国性的电视知识竞赛节目《科尔内利亚之行》（*Visita da Cornélia*）。无论是这部巴西电视剧还是知识竞赛，都开创了葡萄牙电视的先河，同时也成为葡萄牙电视发展的一个转折点。

1975 年，葡萄牙无线电视台第一次用彩色电视现场直播了议会选举。然而，由于国家的政治动荡和经济状况不佳，彩色电视节目的常规性播出延迟了五年。从首次出现彩色电视到彩色电视普及这段时间里，葡萄牙无线电视台一直在采购彩色电视播出的设备，并且进行一些零星的彩色电视节目录制。在此期间，电视台的节目还是以黑白为主。但是，电视台的黑白电视播出设备已经十分陈旧，有些甚至已经无法维修。于是，1978 和 1979 年间，葡萄牙无线电视台利用大量国外贷款更换了播出设备。1980 年 3 月 7 日，葡萄牙无线电视台正式开始常规彩色电视节目的播出。此时，该台 70% 的节目已经为彩色电视播出做好了准备。而电视台也在同年将总部迁入了新大楼。

葡萄牙广播电视台——RTP

1955 年 12 月 15 日，葡萄牙政府决定成立第一个国家电视频道，即葡萄牙无线电视台。但是该台 1956 年 9 月 4 日才正式开播，覆盖范围仅限里斯本市区。三个月后，波尔图地区也能接收到无线电视台的信号。

葡萄牙无线电视台 2 台诞生于 1968 年 12 月 25 日，主要是提供社会公共服务，保护葡萄牙语言和文化。1992 年 6 月 10 日，葡萄牙无线电视台开设了国际频道——RTP Internacional。2004 年，葡萄牙无线电视台和葡萄牙广播电台合并，命名为葡萄牙广播电视台。

葡萄牙广播电视台目前是该国最大的广播电视播出机构，其缩写跟葡萄牙无线电视台一样，都是 RTP。它是葡萄牙的公共服务播出机构，除了广播，该台还包括两个卫星电视台频道和三个国家电台频道，以及其他卫星和光缆服务。该台属于国有公司，运营靠广告收入和国家给予的少许补贴。

·RTP1：葡萄牙广播电视台的旗舰频道。主要节目构成有新闻、脱口秀、辩论、国内外小说、戏剧和娱乐节目。

·RTP2：葡萄牙广播电视台的第二个频道。主要关注知识性和文化性节目。例如：儿童节目和纪录片。这是葡萄牙唯一一个在黄金时段播出外国电视剧（主要是美剧）的地面电视频道。

如今的葡萄牙广播电视台在全国有 16 个办事处。另外，在美国、比利时、俄罗斯、巴西以及其他国家和地区还设有工作室。

巴西电视剧在葡萄牙无线电视台的播放取得了极大成功，因此，每年，电视台都会播出三到四部巴西电视剧。到了 1982 年，葡萄牙无线电视台播放了第一部本土制作的电视剧，名为《法雅镇》（*Vila Faia*），该剧于 1982 年 5 月 10 日到 9 月 28 日期间的黄金时段播出。随着本国电视剧的推出，加之已经在葡萄牙流行多年的巴西电视剧，越来越多的葡萄牙人开始痴迷这一节目形式。

很长一段时间里，葡萄牙只有少数几个公共频道，因此从 20 世纪 80 年代初开始，许多葡萄牙人开始通过卫星天线接收国外的电视节目，这些节目大多来自欧洲其他国家和美国，比如意大利国家电视台（RAI）、天空电影台（Sky Movies）等。

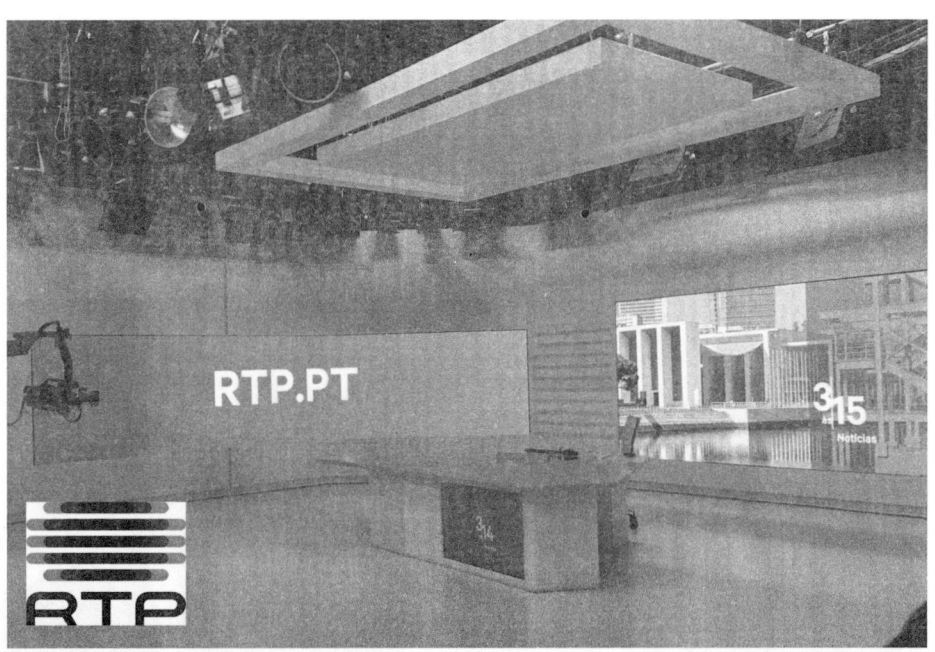

葡萄牙广播电视台演播室

电视剧《法雅镇》

## 四、私营电视台的出现

1991年，葡萄牙无线电视台被葡萄牙电信集团（Portugal Telecom-PT）兼并，并正式改制成了国有企业。直到1992年，该电视台一直垄断着电视行业。不过这样的垄断在20世纪90年代初被打破。1989年，葡萄牙对《宪法》进行了修改，允许私人进入电视行业。1992年，葡萄牙出现了两家私营电视台。1992年10月6日，葡萄牙前总理弗朗西斯科·平托·巴尔塞芒创立了独立传媒公司。1993年2月20日，葡萄牙前教育部长罗伯托·卡尔内罗（Roberto Carneiro）创立了独立电视台。

弗朗西斯科·平托·巴尔塞芒

罗伯托·卡尔内罗

葡萄牙两家主要私营电视台

独立传媒公司：葡萄牙第一个私营电视频道。建台初期，举步维艰。2000年，若泽·爱德华多·莫尼斯（José Eduardo Moniz）开始负责这个频道，不久后，电视台扭转了困境。这个频道主要播出拉丁肥皂剧和长时间的脱口秀（每天播出时间超过8小时），直到主题结束。目前，独立传媒公司是葡萄牙收视率第三的电视频道。

独立传媒公司标志

独立电视台：葡萄牙的第二家私营电视台。主要播放拉丁肥皂剧，通常会在同一时期播放5个或者更多。肥皂剧基本上占据独立电视台55%的节目时段。此外的45%给了脱口秀，其讨论的话题主要集中在与人文、社会有关的趣事。

独立电视台

私营电视台的出现一方面打破了国营电视台的垄断，另一方面促进了电视节目形式的革新。例如独立传媒公司在播报新闻的时候，主播的背景就是办公室，人们可以通过电视看到编辑和记者的工作场所。而独立电视台选取一个平常人作为一档娱乐节目的主角，获得了很高的收视率。由于节目形式新颖多样，葡萄牙的私营电视台吸引了越来越多的观众，对公共电视台造成了巨大冲击，曾经占据收视率榜首的葡萄牙无线电视1台也很快被独立传媒公司拉下收视率头把交椅。而独立传媒公司占据收视率头名经历了两个关键节点：第一个是1977年，当时公司与巴西的环球集团（Rede Globo）签订了协议，在葡萄牙独家播放后者制作的电视剧。第二次是2000年，该台推出了一档真人秀节目——《老大哥》（Big Brother）。不管是巴西电视剧还是真人秀节目，都在黄金档取得了巨大成功，也使独立传媒公司一举坐上葡萄牙电视收视率头名的宝座。之后独立传媒公司与独立电视台的收视率排名互有变化，后文会有说明。

打破垄断后,葡萄牙电视的竞争越来越激烈,使得公共电视台不得不与私营电视台展开竞争。尽管意识到竞争的存在,公共电视台的改变依旧缓慢。

1991年,葡萄牙取消了电视税,这项费用曾经在很长一段时间里是葡萄牙无线电视台的重要收入。自此之后,公共电视台大部分收入依靠广告和政府的财政支持。

1993年,葡萄牙政府与葡萄牙无线电视台签订协议,将公共电视服务转交给后者,并且从财政预算中给予后者相应的补助。这些补助包括RTP1台和RTP2台覆盖马德拉和亚速尔自治区的节目上星费用、其他自治区节目覆盖费用、RTP国际频道费用、与非洲葡语国家合作的费用、视听文件保存费用、政党占用档期的费用等。而葡萄牙无线电视台必须提供1990年9月颁布的《电视法》里规定的公共电视服务。

不过,政府给予公共电视台补贴的行为引来了私营电视台的不满,独立传媒公司的创始人巴尔塞芒在一次会议上公开批评政府给予公共电视台补贴。他认为,政府的补贴从一定程度上造成了不公平竞争。

Big Brother(老大哥)

# 第十一章 葡萄牙电视技术的发展
## CHAPTER 11

进入20世纪90年代后,世界电视技术的发展带动了葡萄牙电视技术的革新。从有线电视、卫星电视到高清电视,电视的传播方式日趋多样化,内容日趋多元化,电视业的竞争也越来越激烈。

## 一、有线电视和卫星电视

1994 年,葡萄牙政府批准有线电视和卫星电视的使用。第一个进行有线电视试运行的是葡萄牙无线电视台 1 台,独立传媒公司和独立电视台紧随其后。而葡萄牙第一个正式的有线电视频道是体育专业类电视台——体育电视台(SPORT TV),1998 年 9 月 16 日开播,后更名为体育电视 1 台(SPORT TV1)。

1994 年,独立传媒公司首次播放了宽荧幕(即 16∶9)节目,但是 1996 年,该台放弃了宽荧幕节目。次年,葡萄牙无线电视台开始制作宽荧幕电视节目,并且第一次在葡萄牙引入了字幕。虽然葡萄牙的电视起步较晚,但是进入媒体融合时代以后,葡萄牙的电视得到了快速的发展。2000 年,葡萄牙成为第一个实验微软互动电视的国家。

对于全球性的体育盛事,电视台通常会面向数字电视用户推出高清频道。在 2008 年欧洲杯足球赛期间,独立电视台开播了高清频道来转播球赛,同时 24 小时不间断播出体育赛事节目。2008 年北京奥运会期间,葡萄牙广播电视台也开播了高清频道,但是这个频道仅仅是在北京奥运会期间被使用过,之后便被放弃。

同样在 2008 年欧洲杯期间,体育电视台临时开通了高清频道 SportTV1。2009 年这个频道正式成为葡萄牙本土的体育高清频道。独立传媒公司也在欧洲杯期间试开播了高清频道。2009 年葡萄牙广播电视台正式开播高清频道,命名为"RTP1 高清"。此外,Thematic 频道、AXN、FOX、FOX Life、TVCine、Syfy Universal 也都于 2009 年在葡萄牙开播了高清频道。

随着互联网的发展,葡萄牙的电视既面临机遇,又面临挑战。如今,多数的葡萄牙电视台都拥有了自己的门户网站和手机移动端网站或者客户端，走上媒体融合之路。

## 二、21 世纪竞争激烈的电视市场与电视现状

### 1. 内容和传播方式多样化

随着有线电视的发展，频道数量大大增加，同时频道的主题也开始多样化，例如独立传媒公司的女性频道、独立电视台的电视剧频道等。内容方面，除了传统的新闻类节目、少量娱乐节目，葡萄牙电视开始播放外国节目。付费电视也随着有线电视的发展而诞生。频道增多，葡萄牙本土电视的收视率竞争越来越激烈。一些综合性频道，尤其是公共电视的综合性频道受到了强烈的冲击。进入 21 世纪，葡萄牙无线电视台面临前所未有的挑战，包括收视率急剧下降、财政状况不佳、机构冗赘、效率低下等。2002 年，电视台发起了"凤凰计划"（Programa Fénix），进行重组。2003 年，政府决定将葡萄牙无线电视台的一个频道私有化，于是决定将 1 台定位成综合性公共频道，而 2 台则开始接收社会资本。

2006 年，葡萄牙开始出现 IPTV，当时 Optimus Clix 公司推出了智能电视服务。次年，葡萄牙电信公司推出了 IPTV 服务，命名为 MEO。2009 年 7 月，电信商沃达丰（Vodafone）在葡萄牙同样推出 IPTV 服务，命名为"沃达丰家庭电视"（Vodafone Casa TV）。根据电信商提供的数据，IPTV 使用的光缆速率能够达到 400 Mbps，覆盖葡萄牙三分之二的人口。

2007 年 3 月 7 日，葡萄牙迎来电视常规播出 50 周年。次年，葡萄牙开始了地面数字电视的发展。2009 年 4 月 29 日，葡萄牙地面数字电视正式开播。根据欧盟的部署，所有的成员国需要在 2012 年关闭模拟信号电视。2011 年，地面数字电视信号已经覆盖了葡萄牙全境。

在 21 世纪的第一个十年，葡萄牙公共电视台和私营电视台之间的竞争愈演愈烈。它们开始押注黄金时段的节目。多年来，在私营电视台冲击下，葡萄

牙无线电视台的观众不断减少。这个势头到了 2007 年才得到改观。当年，葡萄牙无线电视台 1 台在最受观众欢迎的频道中排名第二，仅次于独立电视台。

在出现私营电视台前，葡萄牙无线电视台没有竞争对手。然而到了 1995 年，葡萄牙独立传媒公司的收视率超过了葡萄牙无线电视台，仅仅用了三年时间。

据调查公司 Marktest 的数据，2008 年，独立电视台占据葡萄牙电视收视率榜首，独立传媒公司和葡萄牙广播电视台紧随其后，两者差距不大。2009 年，独立电视台继续排名第一，而二、三名的位置调换。2010 年排名不变。

根据该公司的调查，还可以发现电视台受众的分布情况、人均看电视的时间等其他数据。独立电视台的受众女性居多，普遍受教育程度不高，独立传媒公司的受众相对受教育程度较高，更加年轻。而葡萄牙广播电视台的受众主要是老年男性。调查显示，2010 年，葡萄牙人均每天看电视的时间为 209 分钟。葡萄牙南部的人收看电视的时间更多，观众大部分为 64 岁以上的家庭主妇。

### 2. 激烈的竞争

如今葡萄牙主要的电视台包括葡萄牙广播电视台、独立传媒公司和独立电视台。这三家电视台在 2016 年总共拥有 25 个频道。频道数最多的时候出现在 2015 年，共有 29 个。葡萄牙广播电视台和独立传媒公司的频道相对比较稳定，而独立电视台的频道开播和关闭比较频繁。从 1999 年到 2010 年，葡萄牙总共新开播 14 个频道，关闭 1 个。从 2010 年至今，由于节目的变化，频道开播和关闭数量增多。这一期间，葡萄牙总共新增 16 个频道，关闭了 15 个。

从频道数量来看，葡萄牙的电视经历了两个快速发展时期，一个是 21 世纪初，另一个是 2010 年前后。第一个时期发生在全球经济不景气的大背景下。这一期间，电视节目更注重向特定人群推送特定内容，偏重主题的选择，因此，频道主题区分比较明显。而在第二阶段，电视观众开始更加注重节目内容本身。如今，葡萄牙可以采取多种方式收看电视节目，包括有线电视、卫星电视、光缆、ADSL 上网等。

  有线电视的出现对葡萄牙电视的发展产生了巨大作用。葡萄牙的有线电视从出现开始，发展稳中有升。1999 年，有线电视的占有率只有 2%，而到了 2016 年，占有率达到了 27.3%。在过去的十几年中，有线电视的市场占有率平均每年上升 1.5 个百分点[①]。越来越多的葡萄牙人通过有线电视寻找自己感兴趣的频道和内容。而从电视节目的内容来看，葡萄牙人越来越喜欢新闻、青少年节目、电视剧和娱乐节目。

---

① OBERCOM. "Análise das audiências e dinâmicas concorrenciais do mercado televisivo português entre 1999 e 2016"

# 第十二章 葡萄牙新媒体的发展
## CHAPTER 12

1993年5月28日,葡萄牙广播电视台创建了第一个媒体网站——www.rtp.pt,这标志着葡萄牙新媒体传播的开始。我们可以将葡萄牙新媒体传播分为三个阶段:构建阶段(1995—1998)、井喷阶段(1999—2000)和停滞阶段(2000—2007)。

## 一、构建阶段（1995—1998）

1995年是葡萄牙新媒体建立初期快速发展的一年。葡萄牙各类媒体开始进军互联网，包括两大报纸《公众报》和《新闻报》、葡萄牙最大的通讯社——卢萨通讯社，以及目前葡萄牙最大的门户网站——SAPO网（全称Servidor de Apontadores Portugueses，葡萄牙搜索引擎）。

据统计，1996年11月，通过SAPO网进行搜索，葡萄牙语的在线报纸（包括日报、周报和其他类型的刊物）共有39种，其中包括在澳门和美国发行的葡萄牙语报刊。杂志的数量稍多，达到55种。相比之下，广播进军互联网的速度稍慢，只有13家，而电视更只有两家——独立电视台和葡萄牙无线电视

Sapo网站截图

台国际频道。

1995年对于葡萄牙新闻类媒体来说是一个划时代的年份。当年的7月26日，《新闻报》的网站正式创办，成了葡萄牙第一份每日网络更新的新闻类报纸。1995年9月，报社抽调两名记者，专门为网页工作，这也是葡萄牙最早的网络记者。两名记者由报社一名副主编负责管理，而他们的工作不受报刊部门的影响。《新闻报》记者的工作主要分为四个方面：与读者互动、新闻编辑、组织读者论坛和纸质媒体电子化。网络记者外出采访报道的机会很少，而在《新闻报》网站上，只有很小的一个栏目用于发布网络记者自采的报道。在那个时期，网络记者的工作一般被认为技术性要大于新闻性。人们也在考虑，到底网络记者应该承担怎样的工作，扮演怎样的角色。之后的三年里，葡萄牙的网络媒体仅限于将纸质版的报刊转移到网络上。

1995年9月22日，《公众报》推出了自己的网页。在此之前，《公众报》已经将部分纸质版的消息零星地发布在网上。1995年12月29日，在创刊131年之际，《新闻日报》的电子版正式推出。

尽管葡萄牙无线电视台在1993年就申请了域名，但是直到1995年11月，该台才创办了自己的网站——葡萄牙无线电视台国际台。1996年，葡萄牙独立电视台开办了网站，并且从1月12日开始，观众可以通过网站收看该台的"新报刊"（Novo Jornal）节目。每周一到周五的晚间10点以后，观众可以通过网站看到当天的新闻概要。

1996年9月，葡萄牙TSF电台创办了网站——TSF在线，成为第一个通过网络直播的电台。该网站提供的分类信息包括新闻、专题报道、天气预报等，听众可以通过点击相应的栏目收听节目。同时，听众还可以通过点击电台工作人员的照片向其发送电子邮件，这方便了受众与电台间的互动。起初，电台并没有特别针对网络制作的节目或文字。随着网络的发展，电台开始在网站的主页设置讨论板块，每次发布两到三个选题供听众讨论，话题每天更新两次。

需要注意的是，直到1996年底，新媒体从业人员还是非常少，有的媒体甚至没有全职的新媒体工作人员。

《快报》是葡萄牙第一个开辟网站的周刊。1997年7月17日，快报网开始了试运行。一周以后，网站进行了一次调研，征询受众的反馈，结果在48小时内，网站共收到60条意见。大部分人认为，不能在网页上看到完整的纸质版《快报》内容很遗憾。于是，1998年1月，在成立25周年之时，《快报》宣布将在网站上发布完整纸质版的报纸，然而这一工作直到当年7月才完成。

也是在同一年，葡萄牙的网络搜索引擎开始兴起。当时在葡萄牙使用最多的搜索引擎是Altavista和雅虎（Yahoo）。而此时，以.pt结尾的域名已经有2000多个，可以浏览的网页达到55000个。

1998年1月，葡萄牙诞生了第一份只在互联网发行的报纸——《塞图巴尔在线》(*Setúbal na Rede*)。它的出现使得葡萄牙媒体协会（API）不得不对其章程进行修改，以接纳这一新形势的媒体。

## 二、井喷阶段（1999—2000）

经过最初几年的发展，越来越多的机构开始押注新媒体。一时间，葡萄牙对新媒体的投资热情高涨。随着互联网经济的发展，许多网站也开始进行扩张。从1999年1月开始，《快报》决定，不再把网站作为纸质版报纸的补充形式，而使其相对独立起来。若泽·维多（José Vítor）开始担任该网的主编。当年，快报网发布了最初的网络版新闻，同时推出了收费服务。用若泽的话说："一开始，网站只是作为传统报纸的一种补充，但是现在，网站变得更加成熟，可以被视为一个新的领域。"当时，快报网总共有12名工作人员，除此之外，网站还跟里斯本大学科学系进行技术层面的合作。1999年9月，东帝汶危机发生时，若泽·维多和安娜·格尔什菲尔德（Ana Gerschenfeld）创办了网站——最新一刻（Última Hora），即《快报》的网络版。但是，网络版的内容独立于《快报》，记者自主采访和发布消息。创办初期，网络版只有五名记者和一名技术工人，每天从早上八点一直工作到午夜，以保持网站的更新。

1999年5月，周刊《欧洲新闻》（*Euronotícia*）诞生。该周刊同时发布纸质版和网络版，网络版包含了所有的纸质版内容，但是一些内容只能在网络版上看到，例如投票、实时聊天等。在创办当天，该报还和时任葡萄牙科技部部长马利亚诺·加戈（Mariano Gago）进行了一次网络对话。

1999年7月，电子笔公司（Empresa Caneta Electrónica）创办了纯网络版报纸——《数字日报》（*Diário Digital*）。2000年，公司将51%的股份出售给了梅洛集团（Grupo Mello）。起初，《数字日报》的经济来源主要是网络广告和梅洛集团的投资。这一状况逐渐发生了改变，报纸开始向企业或者机构出售定制化的新闻，同时还会举办一些电子商务活动，从中获得收益。尽管如此，报纸的大部分收入还是来自银行和电信企业的长期广告合同。随着网站的发展，"数字日报网"又衍生出三个子网站：超级精英网（Super Elite）、数字体育网（Desporto Digital）和数字财富网（Dinheiro Digital）。

创办人之一路易斯·德尔加多（Luís Delgado）认为，《数字日报》的运营模式是成功的，但是随着市场的饱和，这样的网络报纸可能会出现危机。同时，德尔加多认为，葡萄牙缺失对网络媒体的立法，因此出现了很多并不具备网络媒体资质的网站，也在发布新闻和报道。

1999年10月，《焦点》（*Focus*）杂志在线上线下同时创刊。每天中午的12点，网络版的《焦点》会对过去一天的新闻进行综合分析，同时刊登纸质杂志上的重要主题。

2004年4月葡萄牙无线电视台开办了新网站multimediaportugal.com。同月7日，葡萄牙无线电视台、ParaRede公司和中央投资银行（Central Banco de Investimento）达成合作协议，共同开发多媒体内容和电子商务。之后，葡萄牙广播电视台和卢萨通讯社曾计划加入该协议，但是由于种种原因，并未成行。multimediaportugal.com网站的内容主要来源于葡萄牙无线电视台的节目库，从当年9月开始，该网站的内容变得丰富起来，涵盖新闻、音乐、体育等方面。

同样是在4月，Lusomundo集团的网站Lusomundo.net上线。通过网站，受众可以看到集团旗下《新闻报》《新闻日报》《东方亚速尔人报》和《马德拉新闻日报》的内容,以及TSF在线和Lusomundo集团自身的信息。网站每天更新19个小时,共有14名记者和14名技术人员保证网站的运转。用户不仅可以浏览文字图片,同样可以通过该网站实时收听TSF电台的节目。2000年,Impresa集团开办网站,其内容主要来自旗下的独立传媒公司和《快报》。集团的目标是将网站打造成葡萄牙最大的新闻工厂。

根据2000年葡萄牙媒体研究协会的统计,葡萄牙本土共有116家在线电台,包括国家级和地方级。同时,报纸对网络的钟情程度不及电台。1999年,在葡萄牙的市面上大约有600种报纸出售,但是只有18.5%的报纸,或者说95种报纸拥有自己的网络版。该协会认为,出现这种状况主要是因为报刊的运营举步维艰,缺乏有力的资金支持。

## 三、停滞阶段(2000—2007)

进入21世纪以来,受世界经济发展不景气的影响,葡萄牙新媒体发展出现了危机。一些网站开始改版和裁员,一些计划新建的网站也不得不停止。

2000年10月,Lusomundo.net多名领导层成员辞职。2001年2月,数字日报网同样出现了发展倒退的迹象。原先独立的超级精英网和数字体育网被并入数字日报网,只有数字财富网继续保持独立性。与此同时,计划中的音乐网站也胎死腹中。三个月后,网站开始裁员。网站创办人之一德尔加多表示,这是为了减少支出,应对风险。2001年3月,快报网进行了改版并且开始裁员,原先的34名记者和其他工作人员,半数离开了网站。

一些曾经在《快报》和Lusomundo工作过的记者计划在葡萄牙打造一个全新的网站——imaterial.tv。受一些美国网站的启发,他们希望将这个网站打造成一个集音视频、互动于一体的平台。但是由于实际投资方Neurónio公司没有足够的实力提供资金,同时又找不到合作伙伴,因此,该计划还未实施,便已夭折。这也是葡萄牙新媒体发展遇到困境的一个典型例子。

2001年7月初，此前被葡萄牙电信公司收购的Lusomundo决定将所有网站内容转移到SAPO网，包括旗下的《新闻报》《新闻日报》《东方亚速尔人报》和《马德拉新闻日报》。

在互联网发展不景气的大环境下，越来越多的新媒体从业者失业。2001年葡萄牙记者工会举办了第一届互联网记者大会，800多名记者参会。互联网发展遇到的问题成为大家关注的焦点。

然而这样的状况还在继续。2002年，独立传媒公司宣布裁员，缩减开支。2003年，《新闻日报》曾经对葡萄牙新媒体发展停滞提出了自己的看法：20世纪90年代末，人们对互联网、新媒体大量投入，但是收益甚微，因此，大家对于此类投资的热情变得越来越低。没人愿意去冒这个风险，承受无谓的损失。该报还说，2004年也许是一个转折点，但是鉴于此前的境况，也没有人敢去冒险。不过，也有观点认为，这样的发展停滞也并非坏事。独立传媒公司时任主编罗伦索·梅德罗斯（Lourenço Medeiros）就表示，这样的情况使得一些网站关门，同时也告诉大家，想继续生存，就必须在质量上有所提高。

2003年2月，葡萄牙电信公司打算关闭Lusomundo网站，同时进行裁员。这一举动引起了葡萄牙记者工会的强烈抗议。在工会和网站员工的压力下，葡萄牙电信公司进行了让步。Lusomundo网站关闭，但是其员工被分流到其他部门工作，避免了失业的困境。不久之后，《塞图巴尔在线》也表示，由于经济问题，随时可能关闭。到2003年底，该网站欠下了50万欧元的高额债务，这已经让网站无法正常运转。当时日常的编辑工作只能由一个实习生来承担。

根据葡萄牙新闻协会2003年公布的一份报告，由于互联网的快速发展，30%的葡萄牙人放弃从报刊亭购买纸质刊物，转而网上阅读。尽管如此，在网上阅读报刊的人数同样在下降。根据调查，大学生成为网上阅读的主要人群，他们当中的大部分人愿意付费进行网上阅读。因此，报告建议，网络上提供的信息应该尽可能的专业化，部分内容可以采取收费的模式，因为消费者愿意付费阅读，但是不愿意为所有的内容付费。因此内容提供方可以采取收费与免费相结合的方式。

直到 2006 年，葡萄牙的新媒体发展才有了起色，尤其是新闻类网站，浏览人数较以往有所上升，但这并没有从根本上改变新媒体举步维艰的境况。这种好转还不足以再次吸引投资者的眼光。

## 四、新媒体现状

进入 21 世纪以来，葡萄牙三大电视台（葡萄牙广播电视台、独立传媒公司和独立电视台）的网站浏览量不断增长，但是这一趋势从 2014 年开始发生了变化。葡萄牙媒体研究协会 2017 年 9 月发布的报告《葡萄牙电视——收视率与市场竞争力报告（1999—2016）》显示，从 2014 年到 2016 年，三大电视台网页的独立访客数量下降了 5.7%，网页浏览量下降了 19.8%。报告分析，这样的下跌源于网站近年来的运营不力。

# 第十三章 结论

CHAPTER 13

葡萄牙媒体的发展与整个国家历史的发展密不可分。每一个历史阶段，尤其是每一次政权的更迭都影响着本国媒体的发展。如今，尽管受到经济发展不景气的影响，但是葡萄牙的媒体还是在努力前行。

## 一、葡萄牙新闻传播业发展总结

总的来说，虽然葡萄牙的各类媒体在起步阶段相对落后于世界水平，但是此后的发展都符合世界媒体的发展趋势。葡萄牙每一个历史阶段，尤其是每一次政权的更迭都在影响着本国媒体的发展，或推动，或压制。同时，媒体在各历史事件中也扮演着重要的角色。可以说，葡萄牙媒体和葡萄牙历史之间有着密切的互动关系。在"石竹花革命"发生之前，新闻管制一直困扰着葡萄牙媒体的发展。革命后，葡萄牙的媒体才真正迎来了"自由的春天"。

葡萄牙的经济不佳一定程度上影响了媒体的发展。从目前的形势看来，葡萄牙对于传媒行业的投资依然不多，这也从一定程度上体现出葡萄牙传媒行业的困境。但是在整个欧盟媒体发展的带动下，加上本身的技术革新，尤其是数字化进程，葡萄牙媒体也在不断进步。

## 二、葡萄牙新闻传播业目前的格局

当前，葡萄牙的主要新闻传播形式包括传统媒体和新媒体。在传统媒体中，比较著名的主流报刊包括《新闻日报》《公众报》《晨邮报》和《新闻报》，这些也都是葡萄牙历史比较长的报刊。影响力和收听率相对较高的电台包括葡萄牙广播电台、TSF电台、复兴电台和复兴调频电台，其中葡萄牙广播电台隶属于葡萄牙广播电视台。主流电视台包括葡萄牙广播电视台、独立传媒公司和独立电视台，后两者为私营电视台。

新媒体方面，除了国外的网站，例如谷歌、Youtube，葡萄牙本土的网站中，SAPO网、球报网、记录报网和一些传统媒体的网站点击率排名靠前。如今的葡萄牙已经进入融媒体时代，普通的家庭基本上都可以使用机顶盒收看电视、收听广播。葡萄牙主要的媒体运营商包括 NOS、MEO[①] 和沃达丰。随着智能设备的普及，葡萄牙的移动互联网业也在快速发展。

葡萄牙三大运营商

---

① 2017年11月被欧洲电信巨头 Altice 公司收购

# 参考文献

## 中文：

陈力丹：《世界新闻传播史》，上海交通大学出版社，2015年第3版

戴维·伯明翰，周巩固，周文清等：《葡萄牙史》，商务印书馆，2012年11月第1版

任学安：《大国崛起：葡萄牙 西班牙》，中国民主法制出版社，2006年11月第1版

罗杰·克劳利，陆大鹏：《征服者：葡萄牙帝国的崛起》，社会科学文献出版社，2016年第1版

亨廷顿，欧阳景根：《第三波：20世纪后期的民主化浪潮》，中国人民大学出版社，2013年第1版

胡旭东：《19世纪葡萄牙大众报纸的兴起与新闻传播的产业化》，《国际新闻界》2012年第12期

## 葡萄牙文：

José Tengarrinha. *Nova História da Imprensa Portuguesa das Origens a 1865*, Temas e

Debates-Círculo de Leitores, 2013

José Matos Maia. *A Telefonia*, Âncora Editora, 2009

Paulo Faustino. *A Imprensa em Portugal: Transformações e Tendências*, MediaXXI/Formalpress, Lda, 2004

João Figueira. *A Imprensa Portuguesa (1974—2010)*, Bibilioteca Minina, 2012

Alberto Arons de Carvalho. *A Censura à Imprensa na Época Marcelista*, Livraria Minerva Editora, 1999

Helena Lima. *A Imprensa Portuense e os Desafios da Modernização*, Livros Horizente, 2012

Helder Bastos. *Ciberjornalista em Portugal. Práticas, Papéis e Éticas*, Livros Horizente, 2011

Jacinto Godinho. *As Origens da Reportagem-Televisão*, Livros Horizente, 2011

Rogério Santos. *Estudos da Rádio em Portugal*, Universidade Católica Editora, 2017

Madalena Oliveira & Nair Prata. *Rádio em Portugal e no Brasil: Trajetória e Cenários*, CECS-Centro de Estudos de Comunicação e Sociedade Universidade de Minho, 2015

Patrícia Teixeira. *A Gazeta "da Restauração": Primeiro Periódico Português-Uma análise do discurso*, Livros LabCom, 2011

Francisco Rui Cádim. *O Fenómeno Televisivo*, Círculo de Leitores, 1995

API. *Publicações Centenárias Portuguesas*-2017/2018 Ano Português da Imprensa, API, 2017

Sobral, Filomena Antunes. "Televisão em Contexto Português: uma abordagem histórica e prospetiva", Millenium, 42 (janeiro/junho). Pp. 143~159, 2012

Francisco Sena Santos. "Memórias/Portugal, 1978: A primeira greve de jornalistas da rádio", 2010

Luís Carvalho. "DAB em Portugal: ascensão e queda da tecnologia do futuro"

TV Media. "Primeira emissão da RTP foi há 50 anos", 2006

OBERCOM. "A Televisão em Portugal-Análise das audiências e dinâmicas concorrenciais do mercado televisivo português entre 1999 e 2016", 2017

OBERCOM. "A Rádio em Portugal-Dinâmicas concorrenciais de Audiências e Publicidade (2002—2016)", 2017

OBERCOM. A Imprensa em Portugal- "Desempenho e indicadores de gestão (2008—2016)", 2017

Nádia Alexandra Lopes Paulo. "Convergência Multimédia e os Conteúdos Móveis da Rádio", 2013

F. Rui Cádima. "A Comunicação Social em Portugal no Século XX", 2004

GMCS. "Breve Retrospetiva Histórica", 2014

Paula Cordeiro. "A Rádio em Portugal: um pouco de história e perspectivas de evolução", 2005

Jorge Pedro Sousa, Maria do Carmo Castelo Branco, Mário Pinto, Sandra Tuna, Gabriel Silva, Eduardo Zilles Borba, Mônica Delicato, Nair Silva, Carlos Duarte e Marta Baptista. "História da Televisão Portuguesa", 2016

## 英文:

Hephaestus Books. *Articles on Television in Portugal, Including: Rádio E Televisão de Portugal, Televisão Independente, Sociedade Independente de Comunição, Porto Canal*, Hephaestus Books, 2011.

Jorge Pedro Sousa. *A History of the Press in the Portuguese-Speaking Countries (English Edition)*, Media XXI, 2014.

# 附录一 媒体监管部门和部分媒体协会

## 社会传媒监管局

在葡萄牙,负责监管新闻媒体的部门叫社会传媒监管局(Entidade Reguladora para a Comunicação Social,简称 ERC),该局 2006 年 2 月 17 日正式运营。

社会传媒监管局是一个相对独立的机构,拥有行政和财政的自主权,其职责是监管所有在葡萄牙境内进行社会传播活动的机构。下设机构包括监管委员会(负责统筹监管工作)、执行部门(负责工作的指导,以及行政和财政管理)、咨询委员会(负责确定监管局工作的方针)、独立财务部(负责管理该局财务和固定资产事务)。

社会传媒监管局标志

## 国家传媒局

国家传媒局,前身是葡萄牙传媒局(Instituto das Comunicações de Portugal,

国家传媒局标志

简称 ICP），成立于 1981 年），2002 年改为现有名称。该局主要监管葡萄牙的电子和邮政服务，并且在国际范围内作为葡萄牙在相关领域的代表。此外，该局还负责部分电子商务的监管。

## 葡萄牙传媒联合会

葡萄牙传媒联合会标志

葡萄牙传媒联合会（Confederação Portuguesa dos Meios de Comunicação Social，简称 CPMCS）成立于 1994 年 10 月 13 日，会员包括报刊、广播和电视等传播机构。该联合会是葡萄牙境内最具代表性的传媒协会，目前会员单位已经超过 1000 家。协会的目的是加强和振兴葡萄牙传媒行业，保护在葡萄牙从事传媒行业的国内外传播机构的权益。

## 葡萄牙新闻协会

葡萄牙新闻协会（Associação Portuguesa de Imprensa，简称 APIMPRENSA 或者 API）成立于 1960 年，当时的名称叫作国家区域媒体协会（Grémio Nacional de Imprensa Regional），1975 年更名为非日报类媒体协会（Associação de Imprensa Não-Diária），2004 年，正式更改为现有名称。

葡萄牙新闻协会是目前葡萄牙最具权威和代表性的报刊协会，共有 200 个会员单位，450 种刊物，类型囊括全国性、区域性、专业性和数字类的报刊。葡萄牙新闻协会力求为日益衰落的报刊市场找到出路，帮助会员单位脱离目前的困境，同时促进会员单位间的交流与合作。目前协会的主席是

葡萄牙新闻协会标志

若昂·帕梅洛（João Palmeiro）

## 葡萄牙广播协会

葡萄牙广播协会（Associação Portuguesa de Radiodifusão，简称 APR）成立于 1987 年 5 月。成立之初的名称叫作地方广播协会（Instituto das Rádios Locais），当时的会员单位有 14 家电台。随着协会的发展，其会员单位开始遍布葡萄牙全国，地方广播协会的名称也更改为现有名称——葡萄牙广播协会。

葡萄牙广播协会标志

1996 年，葡萄牙广播协会被葡萄牙劳工部正式批准为行业标准协会，成为葡萄牙广播届最具代表性的组织，也是传媒界最具代表性的组织之一。

## "一带一路"葡语媒体联盟

"一带一路"葡萄牙语媒体联盟（Programa da Imprensa Portuguesa "Uma Faixa，Uma Rota"）于 2017 年 11 月 3 日在葡萄牙阿威罗市成立，是葡语国家

"一带一路"葡语媒体联盟成立现场

间成立的第一个世界性媒体合作平台。"一带一路"葡语媒体联盟由葡萄牙新闻协会和葡萄牙环球伊比利亚集团共同发起。该联盟旨在联合葡语媒体通力合作,推动葡语国家间的文化交流和经济发展。来自葡萄牙、巴西等葡语国家和澳门等葡语地区的 86 家媒体代表当天签署了"一带一路"葡语媒体联盟备忘录,标志着这一跨区域合作平台的正式启动。中国国际广播电台和澳门广播电视股份有限公司代表中国媒体加入该联盟。①

---

① 中国国际广播电台 2017 年 11 月 4 日新闻

# 附录二 媒体与传媒机构索引

## 1. 电台和电视台

### B
北方联合广播（Emissores do Norte Reunidos）/ 137
北极电台（Rádio Pólo Norte）/ 143
波尔图电台（Rádio Porto）/ 126
伯爵电台（Rádio Condes）/ 126

### C
彩虹电台（Rádio Íris）/ 149

### D
大学电台（Rádio Universidade）/ 136
独立传媒公司（Sociedade Independente de Comunicação，简称 SIC）/ 151
独立电视台（Televisão Independente，简称 TVI）/ 151

### E
恩宠电台（Rádio Graça）/ 128

### F
复兴电台（Rádio Renascença）/ 133
复兴调频电台（Rádio RFM）/ 146

### G
国家广播电台（Emissora Nacional de Radiodifusão）/ 131

### H
环球传媒集团（Global Media）/ 115
环球集团（Rede Globo）/ 161
环球葡萄牙集团（Portugal Global）/ 144
环球伊比利亚传媒有限公司（Ibéria Universal Lda.）/ 112
活跃电台（Rádio Activa）/ 145
赫兹雅纳电台（Rádio Hertziana）/ 127

### K
科因布拉电台（Rádio Coimbra）/ 127

### L
里斯本联合电台（Emissores Associados de Lisboa）/ 129
理想电台（Ideal Rádio）/ 126
卢济塔尼亚俱乐部电台（Rádio Clube Lusitania）/ 125

### P
葡萄牙电台（Rádio Portugal）/ 124
葡萄牙广播电视台（Rádio e Televisão de Portugal-RTP）/ 131
葡萄牙俱乐部广播（Rádio Clube de Portugal）/ 127
葡萄牙俱乐部广播电台（Rádio Clube Português）/ 128
葡萄牙人电台（Rádio Luso）/ 134
葡萄牙无线电视台（Radiotelevisão portuguesa-RTP）/ 144
葡萄牙中心俱乐部广播（Rádio Clube do Centro de Portugal）/ 129

### Q
青年电台（Rádio Juventude）/ 144
青年人电台（Rádio Juventude）/ 134

### S
圣·马麦德电台（S. Mamade）/ 135

### T
海拔电台（Rádio Altitude）/ 140

## W
无线电话电台（Telefonia sem fio，简称 TSF）/ 145

## X
新电台（Rádio Nova）/ 145

## Y
伊比利亚传媒（Prensa Ibérica）/ 110
伊比利亚电台（Rádio Ibéria）/ 126

## Z
殖民地电台（Rádio Colonial）/ 133
中心报业电台（Rádio Jornal do Centro）/ 145

## 2. 报纸与通讯社

### A
《阿尔加维记录》（Crónica do Algarve）/ 53
《阿尔玛达公报》（Gazeta d'Almada）/ 22
《阿马罗神父或者政治、历史和文学之锥》（Padre Amaro ou Sovela Política, História e Literária）/ 44
《爱国者报》（O Patriota）/ 39
《爱国周刊》（Semanário Patriótico）/ 26
《安格拉宪制记录》（Crónica Constitucional de Angra）/ 52
《澳门钞报》（Gazeta de Macau）/ 43
《澳门编年史报》（Crónica de Macau）/ 44
《澳门邮报》（o Correio）/ 2

### B
《巴西利亚邮报》（Correio Brasiliense），又名：《巴西邮报或文库》（Correio Brasiliense ou Armazém Literário）/ 25
《巴西利亚邮报真相反馈》（Reflexões Feitas em Abono da Verde sobre Correio Brasiliense）/ 26
《半岛报》（A Península）/ 63
《半岛邮报或新电讯报》（Correio da Península ou Novo Telégrafo）/ 24
《保守者》（O Conservador）/ 75
《报》（O Jornal）/ 108
《北星报》（Estrela do Norte）/ 68

《贝伦报》（Belém）/ 63
《波尔图分析者报》（O Analista Portuense）/ 40
《波尔图日报》（Diário do Porto）/ 29
《波尔图商报》（O Comércio do Porto）/ 79
《波尔图商业报》（Folha Comercial do Porto）/ 50
《波尔图市市场报》（Folha Mercantil da Cidade do Porto）/ 50
《波尔图市市场期刊》（Periódico Mercantil da Cidade do Porto）/ 36
《波尔图市宪制记录》（Crónica Constitucional da Cidade do Porto）/ 53
《波尔图现实主义者》（O Realista Portuense）/ 49
《波尔图宪制记录》（Crónica Constitucional do Porto）/ 52
《波尔图邮报》（Correio do Porto）/ 39

### C
《财政部官方公告》（Boletim Oficial do Ministério da Fazenda）/ 72
《晨邮报》（Correio da Manhã）/ 114

### D
《达曼的葡萄牙人》（Português em Damão）/ 60
《达曼哨岗的自由哨兵》（Sentinela da Liberdade na Guarita de Damão）/ 63
《大报道》（Grande Reportagem）/ 111
《大众报》（O Popular）/ 33
《大众日报》（Diário Popular）/ 76
《大众早报》（Manhã Popular）/ 111
《灯塔报》（O Farol）/ 72
《定期娱乐》（Amusement Périodique）/ 37
《东方亚速尔人报》（Açoriano Oriental）/ 114
《东西里斯本新闻书》（Folheto de Ambas Lisboas）/ 19
《斗牛士报》（O Toureiro）/ 59
《斗争报》（Luta）/ 86
《独立报》（O Independente）/ 58
《独立现实主义者》（O Realista Independente）/ 49

### E
《24 小时报》（24 Horas）/ 111

## F

《反击质疑的宗教之声》（A Voz da Religião Contra a Incredulidade）/ 49

《复辟报》（A Restauração）/ 66

《复兴者：人民报》（O Regenerador: Jornal do Povo）/ 71

《副本》（Cópia）/ 54

## G

《给贫穷者的报纸：文学、政治和商业日报》（Periódico para os Pobres: Diário Literário, Político e Comercial）/ 48

《工人的抗议》（Protesto Operário）/ 81

《工人的声音》（A Voz do Operário）/ 81

《公正》（Imparcial）/ 47

《公众报》（Público）/ 109

《共和国：人民报》（República: Jornal do Povo）/ 71

《共和国报》（La Repubblica）/ 110

《观众：戏剧与交响乐报》（O Espectador: Jornal dos Teatros e das Filarmónicas）/ 72

《官方公告》（Boletim Oficial）/ 68

《官方消息报》（Notícias Oficiais）/ 68

《光复公报》（Gazeta da Restauração）/ 7

《光谱报》（O Espectro）/ 68

《国家报》（El País）/ 110

《国家报》（O Nacional）/ 58

《国家的呐喊》（O Grito Nacional）/ 68

《国家日报》（Diário Nacional）/ 38

《国王和国家的朋友》（O Amigo do Rei e da Nação）/ 36

《果阿宪制记录》（Crónica Constitucional de Goa）/ 60

## H

《海外客轮》（Paquete Estrangeiro）/ 47

《海外与海事备忘录》（Memorial Ultramarino e Marítimo）/ 61

《蝴蝶报》（Borboleta）/ 48

《环球图书馆》（Biblioteca Universal）/ 24

《恢复大宪章报》（Restauração da Carta Constitucional）/ 66

《回声：批判、文学和政治报》（O Eco: Jornal Crítico, Literário e Político）/ 63

《会议日报》（Diário das Sessões）/ 101

《彗星报》（O Cometa）/ 63

## J

《基督之盾》（O Escudo Cristão）/ 72

《极光报》（A Aurora）/ 63

《即时牌价》（Preços Correntes）/ 36

《记录：特塞拉周刊》（Crónica: Semanário da Terceira）/ 52

《记录报》（O Record）/ 110

《检查者》（O Examinador）/ 63

《焦点》（Focus）/ 111

《截击邮报》（Correio Intercetado）/ 44

《日报》（O Dia）/ 106

《今天不是昨天》（Hoje Não É Ontem）/ 71

《仅半页纸》（Meia Folha Só）/ 53

《九月革命》（Revolução de Setembro）/ 63

《旧弓报》（Arco da Velha）63

## K

《卡斯卡伊斯报》（Jornal de Cascais）/ 90

《科维良光线报》（O Raio da Covilhã）/ 92

《科因布拉报》（Jornal de Coimbra）/ 68

《科因布拉新闻播报员》（Noticiador Conimbricense）/ 47

《控制报》（Controljornal）/ 108

《快报》（Expresso）/ 2

## L

《滥用监察》（O Fiscal do Abuso）/ 47

《老葡萄牙报》（Portugal Velho）/ 65

《黎明报》（A Alvorada）/ 71

《里斯本》（Lisboa）/ 18

《里斯本报》（Journal de Lisboa）/ 26

《里斯本公报》（Gazeta de Lisboa）/ 16

《里斯本冠军报》（Campeão Lisbonense）/ 39

《里斯本历史、政治与文学信使报》（Mercúrio Histórico，Político e Literário de Lisboa）/ 16

《里斯本历史信使报》（Mercúrio Histórico de Lisboa）/ 16

《里斯本免费经纪人》（O Corretor de Lisboa Grátis）/ 65

《里斯本日报》（Diário de Lisboa）/ 105

《里斯本日报》（Diário Lisbonense）/ 24

《里斯本商业报》（Folha Comercial de Lisboa）/ 50

《里斯本宪制记录》（Crónica Constitucional de Lisboa）/ 53

《里斯本消息报》（Notícias de Lisboa）/ 44

《里斯本药学与辅助科学报》（Jornal de Farmácia e Ciência Acessória de Lisboa）/ 72

《里斯本邮报》（Correio de Lisboa）/ 63

《里约热内卢公报》（Gazeta do Rio de Janeiro）/ 33

《里约热内卢号外报》（Gazeta Extraordinária do Rio de Janeiro）/ 33

《联合会报》（A Federação）/ 81

《灵柩报》（O Rabecão）/ 69

《龙》（O Dragão）/ 62

《卢济塔尼亚的密涅瓦》（Minerva Lusitana）/ 21

《卢济塔尼亚人的呐喊》（O Pregoeiro Lusitano）/ 38

《卢济塔尼亚星报》（o Astro da Lusitânia）/ 41

《卢济塔尼亚之星》（Estrela Lusitana）/ 47

《卢济塔尼亚周报》（Semanário Lusitano）/ 24

《罗马历法和永恒历法》（Calendário Romano e Calendário Perpétuo）/ 14

《罗西奥公报》（Gazeta de Rossio）/ 22

卢济塔尼亚新闻社（Agência Noticiosa Lusitânia）/ 117

卢萨通讯社（Agência Lusa）/ 118

## M

《每日命令》（Ordem do Dia）/ 51

《孟买信使：葡萄牙周报》（O Mensageiro Bombaiense: Periódico Português Semanal）/ 49

《蜜蜂华报》（Abelha de Macau）/ 2

《免费：广告报》（O Grátis: Jornal de Anúncio）/ 65

《莫桑比克日报》（Diário de Moçambique）/ 92

梅洛集团（Grupo Mello）/ 173

## N

《呐喊报》（O Pregoeiro）/ 65

《女士们的音乐娱乐：钢琴音乐报》（Recreio das Damas Musical: Periódico de Música para Piano）/ 72

《女性公报》（Gazeta das Damas）/ 38

## O

《欧洲报》（Europeu）/ 110

《欧洲新闻》（Euronotícia）/ 173

## P

《判决日》（O Dia de Juízo）/ 62

《炮手报》（Artilheiro）/ 59

《葡萄牙档案》（Arquivo Português）/ 72

《葡萄牙的拉加德或晚餐后公报》（O Lagarde Português ou Gazeta para depois de Jantar）/ 23

《葡萄牙电讯》（Telégrafo Português）/ 24

《葡萄牙电讯或晚餐后公报》（Telégrafo Português ou Gazeta para depois de Jantar）/ 24

《葡萄牙公报》（Gazeta de Portugal）/ 59

《葡萄牙冠军报》（Campeão Português）/ 30

《葡萄牙人，政治、文学和商业日报》（O Português, Diário Político, Literário e Comercial）/ 48

《葡萄牙人报》（O Português）/ 2

《葡萄牙信使报》（o Mercúrio Português）/ 15

《葡萄牙邮报》（Correio Português）/ 66

《葡萄牙杂志》（Revista de Portugal）/ 66

《葡萄牙忠义之士》（Leal Português）/ 21

葡萄牙消息社（Notícias de Portugal）/ 118

葡萄牙新闻社（Agência Noticiosa Portuguesa）/ 118

## Q

《穷人报》（Periódico dos Pobres）/ 48

《穷人日报》（Diário dos Pobres）/ 48

《球报》（A Bola）/ 109

《权力滥用反抗者》（Antagonista dos Abusos）/ 59

《全体职责》（Chega a Todos）/ 64

## R

《人民报》（Jornal do Povo）/ 69

《人民的代表》（O Procurador dos Povos）/ 63

《人民的朋友》（O Amigo do Povo）/ 36

《人民的朋友和自由的哨兵》（O Amigo do Povo e Sentinela de Liberdade）/ 36

《人民论坛报》（A Tribuna do Povo）/ 59

《人民页报》（Folha do Povo）/ 80

《仁慈的公民》（O Cidadão Filantropo）/ 59

《若泽·阿古斯蒂尼奥·德·马塞多写给朋友若阿金·若泽·佩德罗·洛佩斯的信件》（Cartas de J.A.M a Seu Amigo J.J.P.L）/ 48

## S

《塞图巴尔在线》（Setúbal na Rede）/ 172

《商业报》（Jornal do Comércio）/ 105

《商业报》（Commercio）/ 2

《商业与殖民地报》（Jornal do Comércio e das Colónias）/ 86

《审查者》（O Censor）/ 44

《圣保罗州报》（Estado de S. Paulo）/ 100

《圣塔伦回声报》（Eco de Santarém）/ 68

《失宠的立宪制公民》（O Cidadão Constitucional Desvalido）/ 48

《时代：工业、科学、文学和美术报》（A Época: Jornal de Indústria, Ciência, Literatura e Belas-Artes）/ 72

《时代报》（Época）/ 89

《时代汇编》（Reportórios dos Tempos）/ 14

《世纪报》（O Século）/ 79

《市场报》（Folheta Mercantil）/ 36

《视野》（Visão）/ 111

《首都报》（A Capital）/ 105

《数字日报》（Diário Digital）/ 173

## T

《太阳：广告报》（O Sol: Jornal de Anúncios）/ 65

《堂·佩德罗的朋友》（O Amigo de Dom Pedro）/ 62

《特塞拉记录》（Crónica da Terceira）/ 52

《脱皮的野兽》（A Besta Esfolada）/ 49

## W

《外地人》（O Provinciano）/ 60

《晚报》（Noite）/ 90

《晚了：致葡萄牙人民》（É Tarde: Ao Povo Português）/ 71

《文学花园报》（O Jardim Literário）/ 72

《问题国家》（O Estado da Questão）/ 68

《午后报》（Jornal da Tarde）/ 89

《午间蜜蜂报》（Abelha do Meio-dia）/ 26

《武装命令》（Ordens da Armadas）/ 52

## X

《西里斯本公报》（Gazeta de Lisboa Ocidental）/ 17

《下午报》（A Tarde）/ 80

《下午邮报》（Correio da Tarde）/ 24

《先进的卫士》（A Guarda Avançada）/ 59

《先知报》（O Profeta）/ 62

《现实主义者》（O Realista）/ 49

《宪制报》（O Constitucional）/ 58

《宪制葡萄牙人》（O Português Constitucional）/ 38

《辛特拉报》（Jornal de Sintra）/ 90

《新记者》（Novo Correspondente）/ 62

《新里斯本日报》（Novo Diário de Lisboa）/ 26

《新闻报》（Jornal de Notícias）/ 2

《新闻日报》（Diário de Notícias）/ 76

《新宪制葡萄牙人》（O Português Constitucional Regenerado）/ 39

《信使报》（O Mensageiro）/ 26

《星期六》（Sábado）/ 111

消息新闻社（Agência Noticiosa de Informação）/ 117

## Y

《亚速尔周报》（Semanário dos Açores）/ 52

《眼镜：文学、批判和习俗报》（O Óculo: Jornal Literário, Crítico e de Costumes）/ 72

《耶稣会士守卫者》（O Defensor dos Jesuítas）/ 49

《叶报》（Folha）/ 2

《一月一日报》( O Primeiro de Janeiro )/ 79
《1850 年的里斯本》( Lisboa de 1850 )/ 75
《艺术家：文学、批判和戏剧报》( O Artista: Jornal Literário, Crítico e de Teatro )/ 72
《引航者报》( O Piloto )/ 59
《英国的葡萄牙调查者报》( O Investigador Português em Inglaterra )/ 30
《永恒年鉴》( Almanaque Perpétuo )/ 13
《优生报》( Eugénia )/ 44
《运动员报》( O Atleta )/ 64

## Z

《再生极光》( Aurora Regenerada )/ 53
《在科因布拉的巴西人》( Brasileiro em Coimbra )/ 40
《在葡萄牙的巴西人》( Brasileiro em Portugal )/ 40
《真理、公正和法律的无私牧师》( Pregador Imparcial da Verdade, da Justiça e da Lei )/ 43
《真理的号角》( Tuba da Verdade )/ 63
《政府官方公报》( Gazeta Oficial do Governo )/ 53
《政府日报》( Diário do Governo )/ 38
《政治地图》( Mapa Político )/ 26
《指导者》( O Diretor )/ 62
《指引者》( O Indicador )/ 58
《致阿马罗牧师的附录：政治、历史和文学报》( O Apêndice ao Padre Amaro: Jornal Político, Histórico e Literário )/ 51
《周报》( Semanário )/ 111
《周刊》( Revista Semanal )/ 54
《自由丰沙尔人》( O Funchalense Liberal )/ 47
《自由军行动官方消息报》( Notícia Oficial das Operações do Exército Libertador )/ 52

## 附录二 人名索引

### A

阿比利奥（Abílio）/ 123

阿比利奥·努内斯·多斯·桑托斯（Abílio Nunes dos Santos）/ 123

阿布拉昂·扎库托（Abraão Zacuto）/ 13

阿德里亚诺·德·帕伊瓦（Adriano de Paiva）/ 120

阿德利诺·塔瓦雷斯·达·席尔瓦（Adelino Tavares da Silva）/ 106

阿尔贝托·卡洛斯·德·奥利维拉（Alberto Carlos de Oliveira）/ 121

阿尔比诺·伏尔加斯·德·桑帕约（Albino Forjaz de Sampaio）/ 123

阿尔梅达·加雷特（Almeida Garret）/ 70

阿尔瓦罗·德·奥利维拉（Álvaro de Oliveira）/ 152

阿尔瓦罗·林斯（Álvaro Lins）/ 97

阿方索·科斯塔（Afonso Costa）/ 86

阿方索六世（D. Afonso VI）/ 15

阿梅里克·弗朗西斯科·桑托斯（Américo Francisco Santos）/ 128

阿莫林·费雷拉（Amorim Ferreira）/ 101

阿莫林·维阿纳（Amorim Viana）/ 76

阿尼巴尔·卡瓦科·席尔瓦（Aníbal Cavaco Silva）/ 109

埃德尔·门德斯（Hélder Mendes）/ 156

埃斯特旺·布罗卡尔多（Estêvão Brocardo）/ 24

埃特尔维纳·洛佩斯·德·阿尔梅达（Etelvina Lopes de Almeida）/ 135

艾萨·德·奎罗斯（Eça de Queirós）/ 78

爱德华多·迪亚斯（Eduardo Dias）/ 124

爱德华多·贾科梅·迪亚斯（Eduardo Jacome Dias）/ 126

爱德华多·佩纶（Eduardo Pellen）/ 120

安东内斯·吉马良斯（Antunes Guimalhães）/ 129

安东尼奥·德·索萨·德·马塞多（António Sousa de Macedo）/ 15

安东尼奥·德奥利维拉·萨拉查（António de Oliveira Salazar）/ 93

安东尼奥·菲洛（António Ferro）/ 131

安东尼奥·古铁雷斯（António Guterres）/ 4

安东尼奥·罗德里格斯·桑帕约（António Roderigues Sampaio）/ 68

安东尼奥·马德拉·玛沙多（António Madeira Machado）/ 133

安东尼奥·玛丽亚·达·席尔瓦（António Maria da Silva）/ 89

安东尼奥·曼努埃尔·达·席尔瓦（António Manuel da Silva）/ 24

安东尼奥·帕切科（António Pacheco）/ 101

安东尼奥·乔伊斯（António Joyce）/ 131

安东尼奥·若阿金·内里（António Joaquim Nery）/ 39

安东尼奥·若泽·德·阿尔梅达（António José de Almeida）/ 108

安娜·格尔什菲尔德（Ana Gerschenfeld）/ 172

奥尔登·罗伯托（Holden Roberto）/ 156

奥尔加·德·莫拉埃斯·萨尔门托（Olga de

Moraes Sarmento）/127

奥根·特维斯（Hogan Teves）154

奥利维拉·马来卡（Oliveira Marreca）/71

## B

巴拉达斯·德·奥利维拉（Barradas de Oliveira）/154

贝尔纳多·若泽·阿拉维斯（Bernardo José Alves）/50

本托·佩雷拉（Bento Pereira）/37

博尔达罗·玛沙多（Bordalo Machado）/152

布里托·阿拉尼亚（Brito Aranha）/82

## D

杜朗·巴罗佐（Durão Barroso）/4

多明戈斯·布拉加·达·克鲁斯（Domingos Braga da Cruz）/153

多明戈斯·多斯·桑托斯（Domingos dos Santos）/101

多明戈斯·兰萨·莫雷拉（Domingos Lança Moreira）/154

## E

恩里克·加尔旺（Henrique Galvão）/131

恩里克·加尔旺①（Henrique Galvão）/155

## F

菲利克斯·安东尼奥·卡斯特里奥托（Félix António Castrioto）/18

腓力二世（Felipe II）/9

腓力三世（Felipe III）/13

费尔南多·卡尔德略·德·梅德罗斯（Fernando Cardelho de Medeiros）/121

费尔南多·桑托斯·平托（Fernando dos Santos Pinto）/122

弗朗西斯科·帕利亚（Francisco Palha）/75

弗朗西斯科·平托·巴尔塞芒（Francisco Pinto Balsemão）/101

弗朗西斯科·沙威尔·德·奥利维拉（Francisco Xavier de Oliveira）/37

弗朗西斯科·苏亚雷斯·弗兰克（Francisco Soares Franco）/37

## G

伽利尔摩·马可尼（Guglielmo Marconi）/122

甘地多·拉迪斯劳·德·菲格雷多（Cândido Ladislau de Figueiredo）/40

戈麦斯·达·科斯塔（Gomes da Costa）/89

## K

卡蒙那（Carmona）/90

卡洛斯·图德拉（Carlos Tudela）/154

卡斯特罗·梅利奥尔（Castelo Melhor）/15

卡瓦略·努内斯（Carvalho Nunes）/129

科斯塔·戈麦斯（Costa Gomes）/106

科斯塔·卡布拉尔（Costa Cabral）/65

科斯塔·雷特（Costa Leite）/153

克拉维罗·洛佩斯（Craveiro Lopes）/154

克里斯托旺·苏亚雷斯（Cristóvão Soares）/13

## L

拉迪诺·科埃略（Latino Coelho）/75

拉马略·奥尔蒂冈（Ramalho Ortigão）/78

拉乌尔·莱格（Raul Rego）/107

莱特·平托（Leite Pinto）/101

路易莎·德·古斯芒夫人（Luísa de Gusmão）/15

路易斯·达·席尔瓦·莫奇尼奥（Luís da Silva Mouzinho）/51

路易斯·德·巴罗斯（Luís de Barros）/106

路易斯·德尔加多（Luís Delgado）/173

路易斯·费利佩（Luís Filipe）/82

路易斯·卡乔（Luís Cajão）/173

路易斯·马尔克斯·门德斯（Luís Marquês Mendes）/109

路易斯·塞奎拉·奥利瓦（Luís Sequeira Oliva）/23

路易斯·德罗艾特（Luís Derouet）/86

罗伯托·卡尔内罗（Roberto Carneiro）/160

罗伦索·梅德罗斯（Lourenço Medeiros）/175

---

① 劫持"圣·玛丽亚"号的首领

洛佩斯·达·克鲁兹（Lopes da Cruz）/ 133

## M

马里奥·苏亚雷斯①（Mário Soares）/ 118
马里奥·苏亚雷斯②（Mário Soares）/ 97
马利亚诺·加戈（Mariano Gago）/ 173
马塞罗·卡埃塔诺（Marcello Caetano）/ 83
玛丽亚二世（Maria II）/ 18
玛丽亚·达·格洛丽亚（Maria da Glória）/ 45
曼努埃尔·安东尼奥（Manuel António）/ 114
曼努埃尔·奥利维拉（Manuel Oliveira）/ 123
曼努埃尔·波尔吉斯·卡内罗（Manuel Borges Carneiro）/ 37
曼努埃尔·费尔南德斯·托马斯（Manuel Fernandes Tomás）/ 37
曼努埃尔·罗德里格斯·儒里奥尔（Manuel Rodrigues Júnior）/ 90
曼努埃尔二世（Manual II）/ 82
门德斯·卡贝萨达斯（Mendes Cabeçadas）/ 89

## N

尼古拉·苏尔特（Nicolas Soult）/ 28
诺布雷加·伊·索萨（Nóbrega e Sousa）/ 137

## P

帕尔梅拉（Palmela）/ 30
帕盖特·奥利维拉（Paquete Oliveira）/ 108
庞巴尔（Pombal）/ 18
佩德罗·安东尼奥·科雷亚·加尔桑（Pedro António Correia Garção）/ 18
佩德罗一世（D. Pedro I）/ 40
普拉塔斯·迪亚斯（Pratas Dias）/ 89

## R

儒利奥·席尔瓦（Júlio Silva）/ 122
若阿金·贝尼特（Joaquim Benite）/ 106
若安娜·坎比纳（Joana Campina）/ 135
若昂·阿尔弗雷多·佩索阿（João Alfredo Pessoa）/ 122
若昂·巴蒂斯塔·罗沙（João Batista Rosa）/ 154
若昂·弗朗克（João Franco）/ 82
若昂·弗雷德里克·儒迪斯·德·瓦斯孔塞洛斯（João Frederico Júdice de Vasconcelos）/ 123
若昂·佩雷拉·达·罗沙（João Pereira da Rosa）/ 129
若昂四世（D. João IV）/ 15
若昂六世（João VI）/ 27
若昂·帕梅洛（João Palmeiro）/ 187
若热·波特里奥·莫尼斯（Jorge Botelho Moniz）/ 132
若泽·阿方索（José Afonso）/ 97
若泽·埃斯特旺（José Estevão）/ 64
若泽·爱德华多·莫尼斯（José Eduardo Moniz）/ 161
若泽·安东尼奥·格列罗（José António Guerreiro）/ 51
若泽·巴尔博萨（José Barbosa）/ 86
若泽·菲尼克斯·恩里克斯·诺盖拉（José Félix Henriques Nogueira）/ 71
若泽·费尔南多·雷顿（José Fernando Leitão）/ 134
若泽·弗莱雷·蒙特罗伊奥·马斯卡拉尼亚斯（José Freire Monterroio Mascaranhas）/ 18
若泽·卡洛斯·瓦斯孔塞洛斯（José Carlos Vasconcelos）/ 106
若泽·里贝罗·多斯·桑托斯（José Ribeiro dos Santos）/ 106
若泽·利贝拉多（José Liberato）/ 30
若泽·玛丽亚·苏亚雷斯（José Maria Soares）/ 37
若泽·玛丽亚·瓦斯孔塞洛斯（José Maria Vasconcelos）/ 114
若泽·诺顿·马托斯（José Norton Matos）/ 135
若泽·若阿金·费雷拉（José Joaquim Ferreira）/ 37
若泽·若阿金·索萨·迪亚斯·德·梅洛

---

① 葡萄牙前总统
② 波尔图大主教

（José Joaquim Sousa Dias de Melo）/ 122

若泽·萨拉马戈（José Saramago）/ 105

若泽·维多（José Vítor）/ 172

若泽·爱德华多·莫尼斯（José Eduardo Moniz）/ 161

若泽·巴尔博萨（José Barbosa）/ 86

若泽·苏亚雷斯·达·席尔瓦（José Soares da Silva）/ 10

## S

萨·达·班德拉（Sá da Bandeira）/ 60

萨·卡尔内罗（Sá Carneiro）/ 101

萨尔达尼亚（Saldanha）/ 67

萨尔加多·泽尼亚（Salgado Zenha）/ 107

索萨·佩雷拉（Sousa Pereira）/ 101

索托·马约尔（Sotto Mayor）/ 107

## T

泰帕伯爵（Conde da Taipa）/ 57

堂·卡洛斯（D. Carlos）/ 75

堂·米格尔（D. Miguel）/ 42

堂·佩德罗（D. Pedro）/ 16

堂·若泽（D. José）/ 18

堂·路易斯一世（D. Luís I）/ 81

## W

瓦雷拉·桑托斯（Varela Santos）/ 128

瓦斯科·贡萨尔维斯（Vasco Gonçalves）/ 105

韦尔斯利（Arthur Wellesley）/ 22

维多·迪雷托（Vítor Direito）/ 108

## X

西多尼奥·派斯（Sidónio Pais）/ 87

西芒·若泽·达·鲁斯·索里亚诺（Simão José da Luz Soriano）/ 51

席尔瓦·科斯塔（Silva Costa）/ 101

## Y

亚历山德勒·埃尔库拉诺（Alexandre Herculano）/ 70

亚历山德勒·贡萨尔维斯（Alexandre Gonçalves）/ 154

伊波利托·若泽·达·科斯塔（Hipólito José da Costa）/ 25

伊格莱亚斯·卡埃洛（Igrejas Caeiro）/ 137

## Z

朱诺（Junot）/ 20